"十三五"国家重点出版物出版规划项目

诺贝尔经济学奖获得者丛书
Library of Nobel Laureates in Economic Sciences

经济史理论

A Theory of
Economic History

约翰·希克斯（John Hicks） 著

张成思 阎泓瑾 徐硕 夏苗 译

中国人民大学出版社
·北京·

前　言

这是我于 1967 年 11 月在威尔士大学所做的格雷吉诺格讲座的（扩展）版本。正是这些讲座主持人对我的邀请起到了催化剂的作用，促成了一些我现在意识到在我脑海中酝酿已久的事情。

我不是一个经济史学家，但长久以来我对经济史很感兴趣，并且我个人曾向一些最杰出的经济史学家学习过。我读研究生时的导师是 G. D. H. Cole，并且就在我被"借调"到南非的威特沃特斯兰德大学不久之后，我开始讲授英国中世纪经济史——是 Eileen Power 借给我讲稿，帮助我完成了这份重要的职责。当我把她生动易懂的叙述转变为自己的话时，我就播下了一颗最终可能会发芽的种子。之后当我与 M. M. Postan 都已 30 岁出头并在伦敦经济学院当讲师时，我们进行了谈话，我相信在书中他会发现我从他身上学到的东西。但这一切都是很久以前的事了，之后我离开了这个领域，但最终惊讶地发现我又回来了。我相信如果不是 T. S. Ashton，我肯定不会这么做。在曼彻斯特大学，我们是七年间最亲密的同事，在他退休之后，我又和他成了邻居。通过他，我可以与经济史学家的圈子保持联系；因为可以和他讨论，我被激励继续阅读《经济史评论》(*Economic History Review*)；我甚至被鼓励形成自己的观点，因为可以就其和他进行辩论。他没能活着看到我的《工业革命》(*Industrial Revolution*)的最终版本，因此我不知道他是否同意，但这本书的大部分内容我都曾在不同阶段与他讨论过。

在我写作的这段时间，我也得到了许多人的帮助。我不仅在阿伯里斯特威斯演讲过，还在其他地方演讲过，每次我都能想起一些能够利用的批判意见、例子及想法。当我只写了几章的时候，我把它们作为论文提交给了堪培拉的一个研讨会；阿伯里斯特威斯的讲座在牛津也重新进行了一遍；当这本书快写完时，我在维也纳做了相关的报告。在每一次演讲后的讨论中，我都有所收获。

在这些方面帮助我的大多数人都是经济史学家或经济学家，但这还不够。正如我将要解释的，我试图把经济史与其他类型的历史联系起来、把经济活动与其他类型的人类活动联系起来。至少在我看来，我并没有跨越经济史的界限，但我一直在努力接近这些界限，而我要做到这一点，就必须对它们之外的事务多加注意。我认为自己是幸运的，尤其是基于如下原因：我在牛津大学万灵学院工作，所以我几乎每天都能见到一些历史学家（和学院派律师），需要时可以向他们寻求建议。有很多人都曾经帮助过我，有时是一些很大的问题，有时只是小的见解，有时我想他们并没有意识到他们正在帮助我。要感谢的人是如此之多，以致我无法一一列出要感谢的人名清单（除了偶尔读者很可能会怀疑我是如何得到一本明显不是我日常阅读的期刊的之外）。我们不应一概而论，正像我努力做到的那样。不要做有风险的概括，因为我必须对他们承担全部的责任。

关于索引的说明。还有一点需要在这里提出，在写作时，我试着把几种不同的读者放在心里，之前许多国家的经济学学生阅读过我的书，我希望这本书能广受欢迎，而不只局限于学习经济学的学生。我将要提到的许多事情对这些读者中的一些人来说是显而易见和熟悉的，而对另一些人来说则完全不熟悉。我怎样做才能在帮助前者的同时不惹恼后者呢？我试图通过扩展索引的功能来寻找答案。这本书的索引比同样体量书籍的索引要多得多，因为它不仅是一个索引，在某种意义上也是一部小型字典，尤其是一部关于日期的字典。因此，如果读者想获取关于原文中一些典故的更多知识，索引可以帮到他。

约翰·希克斯

1969 年 5 月

目　录

I. 理论和历史

　　这是一本主题宏大的小书。它一方面涉及整个世界；
另一方面涵盖了整个人类历史：从人类学家和考古学家
为我们提供了一些零碎了解的黑暗落后的远古时代，一
直到处于未知未来边缘的现在。我将其称为经济史，但
我并不是在狭义角度上对经济史进行阐述。对于经济史，
我当然不是说它涵盖了历史的全部，或是说人们应该总
是在明显非经济的行为背后寻找经济动机；但我也不想
缩小它的界限，就像现在人们经常在经济学本身的界限
上所做的那样。尽管"定量经济史"风行一时，但与经
济学家相比，经济史学家更不会倾向于将经济史视为纯
粹的数量学科。这不仅是因为当我们回顾过去时，经济
数据是较为零散的；还有一个更深层次的原因，那就是

回到过去我们必然会发现，与今天相比，当时生活的经济方面与其他方面的区别很小。经济史经常被理所当然地呈现为一个专业化的过程，但是专业化不仅仅是经济活动之间的专业化，也是经济活动（正在转变的经济活动）从其他类型的活动中区分开来的专业化。这是一种尚未完成且永远不可能完成的专业化，但这已经足够让我们在研究中模仿它了。为了使我们研究的主题与次要主题更易于处理，我们把它们的边界加以缩小；我们之所以能够做到这一点，是因为我们学术上的专业化符合"现实世界"中正在发生的情况。但这并不是世界上正在发生的一切，我们已经认识到人们之间的交流正因人与人之间的疏远而受到阻碍。在我看来，经济史的一个主要功能是作为一个让经济学家、政治学家、律师、社会学家和历史学家——历史大事件、思想和技术方面的历史学家——能够见面并相互交流的论坛。

在本书中我希望能做到的只是促进这种交流沟通而已。这就是为什么它最终可以成为一本小书，这也是为什么它可以成为一种理论（我在开始时是作为一个经济学家进行研究的）。

人们可以在什么意义上尝试建立一种"历史的理论"？许多人会说，理论和历史是对立的，充其量只能是互为替代的，从理论角度思考不是历史学家的事。不得不承认，历史学家也许会利用一些不连贯的理论来作为解释某些特定历史过程的假设，但也仅此而已。我想我理解这种怀疑，并对此表示一定程度上的赞同。我更赞同它而非汤因比或斯宾格勒的宏伟设计，后者是一系列历史形态理论的创造者，其美学魅力大于科学魅力。而我的"历史理论"绝对不会是他们眼中的那种历史理论。我的理论将更接近马克思所尝试建立的那种理论，他确实从他的经济学中提取了一些他将之应用于历史的一般观点，因此他在历史中发现的模式得到了一些历史之外的支持。这才更是我想尝试的事情。

有一种观点认为，我们可以从社会科学而不仅是（正如刚才所说的）从经济学中获得一些一般思路和想法，这些思路和想法可以被历史学家用作梳理资料的手段。这种观点似乎不无道理，而且我认为大多数历史学家都会以此为然。但是，仍然存在一个悬而未决的问题：这种一般想法是否只能出于特殊的目的在有限的范围内使用？或是这种一般想法可以被更宽泛地使用，这样历史的一般进程至少在某些重要方面可以被很好地解释？ *3* 大多数持后一种观点的人会使用马克思主义的理论，或是其修正形式；鉴于现有的可用的替代形式太少，他们这样做也就不足为奇了。然而非同寻常的是，在《资本论》问世一百年之后，在社会科学取得巨大发展的一个世纪之后，竟然也没有人提出别的历史理论。当然，马克思对于逻辑过程在历史上发挥作用的看法也许是正确的。但是我们拥有他所没有的关于事实和社会逻辑的大量知识以及可供我们支配的额外一个世纪的经验，我们理应以一种截然不同的方式来构想这些过程的本质。

我们已经学会的事情之一——一开始就必须强调的一个普遍观点——是区分那些可以用统计上的一致性的概念来讨论的历史问题和那些不能用这个概念来讨论的问题。每一个历史事件都有其独特之处，但也几乎总是含有属于一个群体（往往是大群体）的共性。如果我们感兴趣的是共性，那么我们关注的将是群体，而不是个体；我们要解释的就是这个群体的平均值，或者说标准值。我们能够允许个体偏离标准值，这并不影响我们对统计上的一致性的承认。这就是我们在经济学中几乎一直在做的事情。① 例如，在我们的需求理论中，我们并不声称能够对某个特定消费者的行为做出任何有用的解释，因为这可能是由他自己特有的动机所决定的；但我们确实能够对整个群体在整个市场上的行为，即特定产品的消费者群体的行为发表一些看法。必须强调的是，

---

① 当我们停止这种做法时，正如有时在公司理论中所发生的那样，我们就会陷入困境。

我们可以做到这一点并不意味着存在任何"决定论";我们对于每个消费者作为个体完全可以进行自由选择这一点没有疑问。经济学特别关注的是"统计学"行为。

凡是适用于某种历史理论的历史现象都可以被视为我们所关注的具有这种统计特征的现象。经济史上的大多数现象（无论被多么广泛地考虑）都具有统计特征，在经济史方面我们想要讨论的问题主要是关于那些具备统计特征的群体的问题。但从原则上讲，这种区别并不是经济史和其他方面的历史的区别。在任何一个历史学科中，我们都可能发现自己在寻找统计上的一致性。区别在于我们关注的是一般现象还是特定情况。当我们关注一般现象时，理论（经济或其他社会理论）可能是正确的，否则通常并不正确。

举例来说，假设我们认为（在某些版本中，这是一个非常吸引人的观点），如果路易十六不是如此懒惰和漫不经心，就不会发生法国大革命①——从这个角度来看，如果他只是像他的祖先路易十四或西班牙的菲利普二世一样拥有尽职尽责的公职人员应有的美德，那么法国大革命将是一个特定情况而非历史理论可以应用的现象之

---

① "路易十六讨厌他的工作，" Madelin 如是说。引自 Madelin, *La Révolution*, Paris, 1933, p. 29。

一。即便如此，当我们从另一些角度来看待它时也会得出不同的结论。如果我们把它视为一种社会变革的表现，而这种变革即使在更开明的统治者统治下的法国也会发生，并且已经在其他国家以更平和的方式发生了，那么它将成为一个可以从理论上加以讨论的一般现象的特例。或者，如果我们关注的是这种使一个人的错误产生严重后果的权力集中的原因，那么即使它与前者相比涉及更少的经济问题，也可能成为一个理论问题。但这些是深入法国大革命表面事实之下的相对复杂的问题。

与之相反的是一场几乎发生在同一时期的英国工业组织的变化，即"工业革命"。一些传记已经记述了这场革命的部分事迹，但没有一本传记以它为核心展开。没有人会认为，存在某一个特定的人——一个特定的发明家或企业家——工业革命离开了他的活动就不可能发生。[①] 虽然工业革命在某种意义上是一个历史大事件，但它本身就是一种统计现象，是一种理论上正确的一般趋势。

正如我试图建立的，一个历史理论将必须关注这些一般现象，它必须适用于以这种方式构想的历史。我已

---

① 有一位经济史学家做过以传记形式叙述美国工业革命部分情节的有趣尝试。(J. R. T. Hughes, *The Vital Few*, Boston, 1966)，但我不认为［我觉得休斯教授（Hughes）也不会这样认为］这会动摇我的观点。

尽力澄清了一点，即这种理论绝不会适用于历史的全部。还有不涉及此类一般性问题的另一种理论：将从个体的角度叙述其行为、性格、彼此之间的关系的做法视为一种优点。它必须涉及名人（这让某些有现代偏好的人无法接受），因为只有这些人才留下了足够的记录，从而使我们有可能亲自接触他们。有时我们可以通过他们的作品直接接触；有时只有当他们留下的东西被历史学家或传记作者复活时，我们才能间接与他们接触。我确信这种历史不会被低估。即使在这里它也是正确的，因为对过去的事情发挥想象力是危险的——即使这是为"理论"目的所需的——除非它已经被"老式"的历史著作弄得颇有生气。①

最后，经济学家阐释假设的方式是问自己这样一个问题："如果我处于那种情况，我该怎么办?"这是一个必须通过"如果我是那种人"的假设来限定的问题。如果我是中世纪商人，或者是希腊奴隶主，只有已经能对

① 虽然从老式历史著作［如麦考莱（Macaulay）的著作］过渡到新的历史著作［以新《剑桥现代史》(Cambridge Modern History) 为例］似乎可以让历史学家更接近经济学家，但即使从后者的观点来看，这也并非全然有利。经济学家很容易忘记，他的模型（如果模型是实际有用的）中的"行动者"至少应该有一种现实中的人的特征，即他们不知道将会发生什么。因此，他们必须根据那些看起来可能实现的可能性做出决策，但（正如我们事后了解到的）这些可能性并不会实现。外交史乍一看似乎是与经济学相距最远的历史类型，但是由于应急计划在外交史的文献中地位显著，它对经济学家很有教育意义。我将在下面的篇幅中努力回忆这些教训。

那些人感同身受，才能开始推测！

现在可以描述摆在我们面前的任务了。这是一项必须从"越具有一般性越好"的角度进行的理论研究。我们要对社会状态和社会经济状态进行分类，并寻找一个可以让一种情形让位于另一种明白易懂的情形的理由。这将是一个与马克思的"封建主义、资本主义、社会主义"或德国历史学派的各经济发展阶段不无相似的序列。① 但是我们的假设会比他们的假设少些决定论和进化论色彩，并因此有所不同。这只是我们正在寻找的常态化进程，因此不必涵盖所有事实。我们必须准备好承认例外情况，不过我们仍应设法对它们进行说明。我们不应期待我们的常态化进程一旦开始就能够完成，它可能被外部原因打断，也可能遇到内部困难，只能间或找到摆脱这些问题的方法。所有这些可能性都应得到承认。

虽然我们辨别出了一种可以冠以"进步"或"增长"或"发展"之名的潜在趋势，但这些趋势也频频被以令人不快甚至是可怕的形式打断。那么为什么不采取别的形式呢？我们习惯于将过去两个世纪视为一个经济发展时期，但这是一个无规律的（"周期性的"）尚有许多黑暗之处

① 关于对德国历史学派的观点的权威性批评（在 1900 年前后颇具影响力），参见 W. Eucken, *Grundlagen der Nationalökonomic* (Godesberg, 1949)，ch. 4。

的发展。为什么不进一步阻止这种发展呢？

我们可以用纯机械方法将每一个统计时间序列分成趋势和周期成分；这是一种自然的人类思维方式，这种方式大体上也适用于不用数字表示的资料。我们为什么不将世界经济史视为一个单一的过程——一个（至少到目前为止）具有可识别趋势的过程呢？即使是文明的兴衰也能在强加给它的周期中找到一席之地。

我们应该从哪里开始呢？有一种变革是马克思的资本主义兴起的前提。从最近的经济学角度来看，这一变革更加必不可少。这就是市场的出现和交易所经济的兴起。至少是向着它的起始阶段，它把我们带回到了一个历史早期阶段。事实上在此之前，关于这些起始阶段（或最初的起始阶段），我们几乎没有直接的相关信息。但有几种方法可以让我们相当可靠地推断出必然发生过什么事情。

很明显，这种变革首先是渐进的，它的一些后期阶段会展现得更加分明。其次，这不是一劳永逸的变革，有些已经从交换经济倒退的社会在之后却又经历了同样的事情。最后，有些"不发达"国家在最近才经历了这种变革，而有些国家甚至到现在也还没有完成。根据这些不同的来源，我们获得了大量的间接证据，据此，我们可以相当有把握地推断出公元前许多世纪初次发生的事情。

8 　　我的计划是从这个变革开始，先尝试定义它，然后尽可能地揭示它的逻辑结论。我们应回顾历史记录，以便确认我们的逻辑过程不会与最明显的事实发生冲突。（这只是使逻辑契合事实的第一个阶段，但我们目前需要做的就这么多。）随着我们继续深入研究其含义，我们会发现许多事情都将有恰当的解释。我们可以将这一（受到前面提到的条件限制的）序列一直延续到工业主义的兴起，以及随之而来（或似乎随之而来）的对市场的反馈。但我们将无法（正如决定论者也许认为他能够做到的那样）推断未来。我们能做的，以及经济学家所能做的一切，都是对那些或多或少可能发生的事情进行推测。即便如此，在本书的几乎全部篇幅中，连这一点也将被严格地搁置在一边。

Ⅱ. 习俗和计划

我说过，市场的兴起是一种变革，是什么在变革？
发生变革之前有什么？除非我们从一开始就对这一关键
点有所了解，否则我们将无法理解变革的过程。

经济学的发展经历过一个阶段（当我自己在 20 世纪
20 年代开始研究经济学时，我们大多数人都还处于这个
阶段），那时经济学家沉迷于研究市场经济，以至他们不
愿意考虑其他选择——不承认有其他组织可以作为替代。
市场或多或少可能是"完善的"，经济学家的任务就是寻
找使它们尽可能完善的方法。从那时起就发生了巨大的
转变。通过战争时期的经验、对"中央计划经济"中发
生的事情的观察以及一些（福利经济学和线性规划方面）
纯粹的理论上的发展，我们意识到应该更加严肃地去看

待非市场组织。将市场组织和非市场组织进行比较已成为标准做法：使用非市场组织作为判断市场的参考标准。但作为标准的非市场组织本身就被视为是"完善的"，而这和完善的市场一样不现实。为了切实地建立我们的序列，我们需要的非市场组织必须是非常不完善的。它的"不完善"包含什么？或者说它必须包含什么？

如果社会的需求形成了一个单一的首尾一致的系统（正如无差异曲线或"社会福利函数"所表现的那样），并且所有关于满足这些需求的供给决策都是由单个决策者做出的，那么这个决策者只需要做出"正确"的决定，就可以实现社会最优状态。这是我们在教科书中使用的模式，这种模式出于相应的目的有它自己的地位。但即使在中央计划经济中，事实也并非如此，这并不是可能发生的事情。在这个意义上，完善的组织根本不是一个真正的组织。

在过去，关于社会主义有一个著名的定义："一个小韦伯坐在一张大网中间。"这实际上就是一个组织。小韦伯会花时间对团队和委员会进行设计，并使用管理图表进行管理。事实上，他会像工厂经理一样大规模地经营。虽然工厂是从市场上购买和雇用，并为市场生产的，但从其内部结构来看依旧是一个非市场组织。从普通工厂的管理结构中，我们可以得到一些关于非市场生产组织必然是什么样子的提示。

很显然，经理并不是自己做出所有决定的。这是一种决策权的下放。只有部分决策是由中央做出的，其余的则由统治集团中较低层级的人来完成。授权的必要性通常用监督能力有限来解释。经理不能在同一时间出现在所有地方，并知道所有事情。这本身就是授权的充分理由。但可能还有另一个更深层次的原因：即使在有限的领域内，决策权也很受正常人看重。即使他自认并非最好，也会申明自己不只是一个机器人。他至少需要一点以自己的方式完成工作的自由。只有用最强硬的纪律才能剥夺这种自由。人们为什么要在非必要的情况下施 11 加这种压力呢？直接授权会更加简单。

如果要避免决策权下放导致的混乱，就必须按规则行事。必须有规则来对个人自由决策的领域做出限制，这些规则通常以规定个人在组织中的地位为形式。它们可以是书面规则，但大部分是一些非正式协议和个人工作内容的说明。如果被理解得足够好，它们就将取代书面规则（或作为书面规则的补充）起作用。一个生产单位（如我们的工厂）可以根据其生产的物品、拥有的资本或为其工作的劳动力被定义，但将其视为一个组织会让我们更接近本质。正如现在所揭示的那样，它是规则和协议的结构，这两者将统治集团中的各个层级组合在一起。

这样构思的组织就像一个生物。如果它被完全简化为书面规则，那就只是一个公式而非生物，但这又是一种不会发生的极端情况。即使是书面规则也需要加以解释并应用于特定情况，而只有依据以前的经验才能对它们加以解释。至于协议，越是非正式的协议就越要遵循先例，并因此越依赖于时间的连续性。一个组织不可能像行动方案一样被完全地承继下来，任何时候它都必须在以往的基础上发展。

就像生物一样，组织可以消亡，也可以诞生。一个新的组织可能有新的规则，而这些规则也许与以前遵守的任何规则都大不相同。但即使是新规则也需要加以解释，而解释它们的方式取决于引入它们的环境。即使是已经经历过几场革命，组织也有一定程度上的连续性。依此类推，一个已经稳定下来的且已经实现了我们所称的"平衡"的组织，将会具有很强的连续性。

12　　那么这一切与我开始提出的问题有什么关系呢？对于引起了我称之为"市场的崛起"这一变革的最早的非市场组织的成立，我们应如何设想？根据我所说的与本国关系更加密切的事情，我们也许可以从中得到一些有用的提示。

根据这一分析，目前在一般企业中存在的规则和协议体系大部分是由"上级"设计的。但这是大部分而非全部。因为这些规则必须能够被执行规则的人理解，并且大体上还要能被接受。（一个规则不被接受的组织很难实现"平衡"。）一个有生存能力的公司的设计者或建设者没有全权处理的权力，他不仅受到常规经济匮乏的限制，还受到与他共事的人可以接受或通过某种方式可以接受的条件的限制。

因此，规则部分来自"上级"，部分来自"下级"。在不同的情况下，可行规则中"上级"和"下级"的比例可能会有很大差异。即使可以看出有一条让命令得以从统治集团中的一个等级传递到另一个等级的"指挥链"，通过调查我们也会发现，任何个人期望从其上级那里收到的都不是全部的命令。相反，他们期望收到的是某种或某些特定的命令。在一个倾向于"下级"的组织中，可以从一个等级传递到另一个等级的命令将受到严格限制。虽然这样一个组织也许能够充分履行某些有限的职能，但它会缺乏灵活性。它将无法应对新的紧急情况，而这些紧急情况在某些重要方面与以前经历的紧急情况有所不同。如果没有某种有效的中央决策，一个组织将很难对新的紧急情况做出反应。因此，对于一个不断需要进行某些新调整的组织（如军队），"上级"在其控制系统中一定占有很大的份额。但即使在军队中，一 *13*

个指挥官发出的指令也有区别：有些是其下属普遍会接
受的指令类型，而有些则与下属保留在组织中的正常地
位相一致。而某些涉及重组的指令则属于不同性质，即
使在军队中，后一种性质的指令——来自最高等级的
"上级"——也相对少见。

另一个要考虑的情况是这样一种社区，社区里人们
的古老行事方式很少受到外部压力的干扰。当每个成员
都执行分配给他的任务，并在分配给他的范围内做出决
策时，他们的经济几乎不需要"来自中央"的压倒性决
定就可以运作。这样一个系统一旦达到平衡，它就可以
长期持续下去，而不需要重组或做出组织性的新决策。
普通的紧急情况，如歉收或"平常的"敌人的袭击，都
不需要新的应对决定，处理这些问题的方法可以被纳入
传统规则。只要这种平衡能够持续下去，可能连一个行
使最高权力的机构都不需要。如果出现紧急情况，当局
将不得不随机应变，但在紧急情况出现之前，当局不必
为此做出决定。

当然，我们将必须沿着这条路线构建我们的原始非
市场经济模型（或者正如我们将看到的，我们的模型之
一）。"习俗经济"或多或少符合这一描述，这似乎确实
很容易辨别；历史学家和（特别是）人类学家都对它们
有所了解。新石器时代或中世纪早期村庄的经济，以及

世界许多地区残存的部落社区的经济，都不是由其统治者（如果有的话）组织的，而是建立在传统主体的基础上的。个人职能一直以来都被传统所规定。必须强调的是，组织的首领（国王、酋长、大祭司或长老会）本身就是传统结构的一部分。他还规定了一些职能，以及随之而来的相应权利。　14

　　人类学家调查过的那些习俗组织是最完善的例子，这可能是有意义的。我们可以理解为，正是那些躲藏在人迹罕至的地方的人，才很少遇到新的紧急情况，因此，他们的本就是缓慢建立起来的习俗组织，得以在几乎不受干扰的情况下长期存在。但这些人是存在于历史的角落里的，对于那些在主干道上的人来说，还有其他的可能性。早在市场崛起之前，他们就面临着与所有这些发展无关的新的紧急情况，如果他们不想被推翻，就必须通过发展更积极的领导层来应对。有时需要的可能只是一次重组，在此之后，社区可以以一种（某些方面已经发生改变）习惯的方式持续下去。但当需要更复杂或更激烈的重组时，这本身就需要时间。而在重组期间，社区必须以新的方式组织起来。在这段时间内，来自中央的指令将不可避免地具有显著的特征。因此，非市场经济的另一种纯粹的形式是计划经济，其原始形态几乎不可避免地具有军事特征。当习俗经济受到彻底的干扰时，它将直接过渡到军事专制。班图人的社区推举出了查卡，蒙古部落产生了成吉思汗。

什么样的干扰可能会产生这种影响？我们不妨按经济学的方式从人口压力的角度回答这个问题。这是一种可能的答案，但不应假设这是唯一的答案。长期保持习惯性平衡的人民一定找到了某种减轻人口压力的办法。15 为什么其他民族不这样做呢？这只能是因为他们已经经历了一个不需要这种控制的阶段。如果人口增加，对土地的需求就会增加，因此，一定有一个存在着足够的土地的阶段，使得人口能够在源远流长的土地使用制度下有所增加。即便如此，当适合用传统方法生产粮食的土地被完全占用时，这个部落的人将开始侵占相邻部落使用的土地。随着入侵的发展，它逐渐成为一种真正的、持续的威胁。这肯定是可能产生"革命"的方式之一，但我们应当注意不要断言这是唯一的方式。恐惧可能是促使一个民族用革命的专制主义取代其传统制度的唯一动机，但是恐惧有很多种，有对神的敬畏，也有对现实敌人的恐惧。无论是现在还是更早，动机都不必如此理性。因此，我们没有必要对"紧急情况"的性质做出教条主义的解释。

我们现在有两种类型的经济：习俗经济和计划经济。但这些是纯粹的极端的类型，存在介于两者之间的情况是完全可能的（而且，正如我们将看到的，这是非常常见的）。君主不太可能将习俗全部破坏掉，当让他有机可乘的紧急情况过去后，习俗将会慢慢恢复。除了在紧急情况下，一个纯粹的或接近纯粹的计划经济几乎不可能存在，因为只有在紧急情况下，中央发出的各种命令才会被接受。这个案例和我们最开始时描述的那家公司的案例是一样的，"下级"和"上级"最终必然成为其组织的必要组成部分。在紧急情况下，社区实际上已成为一支军队，但总有一天，军队必须转变为国民政府的工具。许多实例证明，这是一个非常困难的阶段，也许帝国没能度过这个阶段，那么除了名义上的一些权力，中央政权也许会不复存在。[①] 但即使中央权力消失，也可能存 *16* 在较低层面上的联合。失败不一定是彻底的失败，但成功也未必是完全的成功。

　　"封建主义"一词所适用的众多社会组织体系，包括许多人认为被误用的那些体系，也许只有一个共同点：它们是军队转变为国民政府的过程中达到的一个初步成就。将军被任命为各省省长，上尉成了区长。他们保留了一些关于他们曾经的地位的记忆，因此他们仍然对中

---

　　① 一个明显的例子是亚历山大死后马其顿帝国的解体。然而，由于我们接下来将看到的原因，更常见的是解体会有些延迟。但也可能不会有什么延迟，举个最近的例子，就像富拉尼帝国解体为几个尼日利亚北部酋长国一样。

央有一定的忠诚感。但该中央强制他们接受其指令的权力已变得非常有限，因此，中央保有的对他们的权力未必会比某些世俗的权力更多。这是中央对大领主的立场，而这种模式也出现在大领主和曾经是他们下属的小领主的关系中。体系已重新恢复为习俗，计划性元素所剩无几，而习俗还能在统治集团的层级结构中表现自己。

这就是用组织术语表达的封建主义，但还有一个很有特点的经济方面。早在军事专制阶段，就已经有了军队供应问题。如果军队正处在发动攻击的阶段，它可以通过掠夺来补给，这种简单的解决供应问题的方案对于各个年代的侵略者来说都是一种诱惑。但是，掠夺性供应从来都不是最终的解决办法，即使是一个成功的侵略者也不得不保卫自己的战利品。当军队，或者至少是一些武装力量的核心需要定期支持时，当君主需要确保自己有固定收入时，他有两种方法可以做到这一点：让俘虏充当奴隶去干活，或者强制他的臣民纳贡（这就是税收的由来）。我们通常认为其中一种方法是野蛮的，而另一种是文明的，但在本章我们所关注的阶段中，它们是互通的。强迫劳动是兼职奴役，还是一种纳税形式？这可以从任意一个角度来看。

即使是奴隶也要生存，可以从奴隶那里拿走的永远只是经济产品的一部分而非全部。事实上，从长远来看，

20

索取太多可能导致生产力下降，或者导致奴隶群体无法进行自身的再生产。不仅被征服者的物质财产（庄稼和畜群）可能被掠夺，他们的劳动生产力也可能被掠夺。但是，一个人不能通过掠夺获得最终需要的固定收入。如果军事经济（或随之出现的经济）要找到平衡，就必须留给奴隶或"纳贡者"足够他们生存并持续生产的东西。

我按照军事专制的说法引入了征税（或"纳贡"），但可承受范围内的税收并不需要武力作为后盾。即使在最纯粹的习俗经济中，纳贡也有一定的地位，只要有不能自给自足的阶级，纳贡就必然会存在。只要有祭司和长老，他们就必须得到供奉，而他们很乐意接受这种习俗的贡品。我们不妨认为君主的税收正在被吸收进同一个习俗体系，它们成为君主有权享有的权利，并被比作宗教献祭。

国王必须从获得的税收中拿出一部分来养活他的仆人：首先是他的军队，然后是他可能拥有的任何其他仆人。当通信非常困难时，运输问题不容忽视。纳贡以实物、直接劳务或农产品的形式支付。这个原因很容易导致一个社会演变成封建社会。当军队为了管理构成王国 *18* 的省、次省和地区而散布各地时，那些要靠将被征收的收入维持生活的人可能比中央政府更接近收入来源。奴隶很可能为了某一工作被从很远的地方带来（比如建造金字塔），但在非必需的情况下，长途运送劳动力是对劳动力的可怕的浪费，不必要的农产品运输也是如此。为了让国王代理人得到他们需要的那份用来养活自己的产品，而把它们运到中央以后再运回来，这是非常浪费和荒谬的，这为他们在途中中饱私囊提供了很大的便利。如此一来，运送到中央的就只剩一些残渣了。但按照这一计划收取贡品的是当地领主，所有留给中央的是他们选择的认为适合上交中央的东西。这就是经济上的封建主义。仅从这一经济原因就容易看出，在纯粹的封建主义下，该中央从长远来看有消亡的危险。

一个强大而坚定的统治者自然将与对他权力（经济权力和政治权力）的侵蚀做斗争。但有什么可行的方案呢？只有一种选择：他必须建立一个民政管理机构、官僚机构或是公务员制度。这种官僚主义的解决方案比封建制度更困难、更复杂。只有当市场体系（我将在后面几章中讨论其演变）逐渐对它进行加固时，它才能充分发挥其潜力，但它原则上独立于市场机构，因此它自有其地位。历史记录中确实有证据表明，官僚制度的演变可以追溯到很早的时期。

我们如何区分官僚主义和极易演变成封建主义的军事指令系统呢？封建豪绅在最开始时也充当着王室的仆

人或下属，仅仅更改称号并不会阻止行政官员走上相同 *19*
的道路。这些新公务员最重要的职能是征收赋税。而他
们也必须依靠这一收入维持生活，与封建领主的情况一
样，他们的活动收入也有被侵蚀的危险。如果官僚主义
确实不失为一种解决方案，那么就需要严加防范。经验
证明，有必要采取三种防御措施。

成功的第一个条件是雇用官员来监视或检查其他官
员：最早的任意检查仅仅是一种暗中监视，但可以将其
制度化，从而在日后发展成为现代官僚机构的审计体系。
在军事官员和文职官员之间进行职能分工，将税收的征
收工作从军队手中接过来，就是这种检查的一个非常重
要的案例。第二个条件是，为了防止某些人因长期担任
同一职务而获得独立性，要制定一种晋升或四处调动的
制度。第三个条件是建立一种选择具有适当品质的新人
的制度，并推动新加入者不断刷新官僚体系，使其免于
沦为依靠特权继承的阶级。

虽然很难具备这些条件，但最早想要满足这些条件
的尝试可以追溯到很久以前。我们已知最早的公务员档
案可能是某个韦尼的墓碑上的铭文①，他在埃及第六王
朝（约公元前 2300 年）是"宫殿租户的监督人"（或者

---

① Sir Alan Gardiner，*Egypt of the Pharaohs*（Oxford 1961），pp. 94－7.

应该说是"王室的管理者")。从韦尼的故事中可以看出，当时已经存在这样一种招聘和晋升制度（韦尼的档案中说他出身卑微），但是对于韦尼来说，上面列出的第一个条件似乎并不经常被奉行，虽然他的工作主要是文职，但他曾经在一个重要的场合被派去指挥军队。因此，正如这个例子和类似情况所证明的那样，古埃及可能被视为具有官僚主义的元素，这足以解释一个被称为"世界上有史以来最有组织的文明之一"[①] 的中央集权国家，何以持续存在数世纪之久。然而，演变成封建主义仍然是一种持续的危险。在官职趋于世袭的情况下，地方上出现贵族并不意外。[②]

　　成功的官僚主义的另一个值得一提的例子是封建中国的传统官僚主义（发生时间较晚，但它与埃及之间有着惊人的相似之处）。它至少可以追溯到与罗马帝国同时代的汉朝，并一直持续到近一百年前，它在随后的体系上留下了深刻的印迹。官僚主义的原则为中国人所熟知，他们比埃及人更清晰地表达了这些观点。最引人注目的是中国通过竞争性考试选拔官吏的制度。[③] 这样一个成

---

① Gardiner，op. cit.，p. 106.

② Ibid.，pp. 90，105.

③ E. O. Reischauer and J. K. Fairbank, *East Asia：The Great Tradition*（New York，1958），pp. 106，304－6.

功的官僚制度确实达到了一种非常稳定的"平衡"。它可
以承受猛烈的冲击（如公元 13 世纪蒙古的入侵），并在
这之后恢复到以前的水平。

这些都是"经典"的官僚主义的典范，任何像这样
成功的事情在别处都是不常见的。[①] 在初步建立后，更
常见的模式是分裂，或倾向本身可能只是分裂过程中的
一个步骤的封建主义。印度的莫卧儿王朝就是一个典型
的例子。在阿克巴和贾汗吉尔领导下的光辉岁月里，它 *21*
可能经历过埃及和中国那样的"经典"的官僚机构。但
早在英国人出现之前，它就已经开始走下坡路了。纳瓦
布和尼扎姆最初是皇帝的文官，但到了 18 世纪，他们的
忠诚已变得徒有其表。同样，官僚机构也许能够自我维
持，但也只能维持在比它设想的要窄得多的有限范围内。
一种常见的模式是，君主从皇家领地中获得大量收入，
而周围环绕着他只能略加控制的封建庄园。这种模式在
中世纪的欧洲很常见，它在 17—18 世纪也以几乎一样的
形式重现于日本。[②]

如果将市场的起源追溯到古代（这也许是必要的），
那么所有这些例子（甚至是埃及"古王国"的例子）都
出现在那以后。但我认为在这个地方使用它们是合理的，

[①] 印加人的秘鲁堪称另一个范例。正如我们即将看到的那样，现代欧洲官僚政
治（及其效仿者）则属于一个不同的类型。

[②] Sir G. Sansom, *History of Japan*，Vol. Ⅲ（London 1964），esp. Ch. 5.

因为我们分析的过程在逻辑上一直是独立于市场的。它们可以在没有重要的市场兴起的情况下发生，并且在它们发生以后，这种市场的兴起可能像早就发生的那样与它们没有什么关系。因此，这些例子回答了我开始时提出的问题，我在后面几章中将会讨论，在新力量下非市场经济的性质将会受到冲击。但这当然不会是一个简单的答案。有两种纯粹的类型：习俗经济和计划经济——还有介于两者之间的混合类型。封建主义就是一种混合类型，其中习俗占据了主导地位；经典的官僚主义是另一种混合类型，其中计划元素相对更强。在被汤因比称为"挑战"的压力下，系统可能会转向计划方向，但在缺乏挑战的情况下，就会产生一种惯性定律、一种社会引力，它会导致相反的效果。某些人会逐渐开始认为自己拥有行使特殊职能和获得相应特权的权利。由于继承是传递这种权利的最简单的方式，这些权利往往会变成世袭的。世袭贵族和通过继承进入的专业交易，都是这种"引力"现象的例子。

这些社会形态各不相同，但有一件事——严格意义上来说是经济上的一件事——是所有这些社会形态（也许除了最纯粹的习俗类型之外）共有的。它们的核心经济联系是收入：由农民（耕种者、粮食生产者）支付给某个公认的权威机构的税收、纳贡或地租（因为在没有市场的情况下，这些是没有区别的）。也许这几乎没有例

22

外，因为即使没有政治权威，也可能有一些宗教上的贡品发挥着同样的作用。越接近中央集权和计划经济，收入就可能变得越重要。在官僚体制控制下的帝国，收入可能被高度集中。在封建制度中，尽管收入是分散的，但大领主甚至小领主的收入仍然可能被充分集中，从而产生重大的影响。

因为在没有任何市场（或没有任何对市场的依赖）之前，我们正是在这里第一次遇到了对专业化和劳动分工来说非常重要的机会。诚然在最原始的部落中也存在着某种按性别和年龄划分的专业化，但这并不是集中的收入可能造成的那种创造性的经过深思熟虑的专业化。我们已经注意到了一种专业化形式——职能的专业化，这是高效的官僚主义的必要条件。但随着这种专业化的发展，其他种类的专业化也可能会发展。统治者不必局限于用自己的收入来供养他的军队和税吏，在紧急情况过去后，部分收入可能会被用于一些更有吸引力的目标。统治者的炫耀不仅是为了使自己更有吸引力，这也是维护其权威的一种方式。他允许他的臣民"替代他"消费，这是他"赢得民心"的一种方式。正如保皇党所唱的那样，"王侯的列车上每一间屋子里都散发着浓郁的香气，*23* 当国王享受自己的生活的时候，我们还会再次感受到这种香气"。君主热衷于奢侈可能确实是臣民的负担，而臣民渴望奢侈则可能会是统治者的负担。然而，两者在一定程度上是一致的。

对统治者来说，被一群平平无奇的仆人围绕着会让他面上无光。如果让其中更聪明的人专门从事特定的任务，他们就可以成为掌握专业技术的人。而当君主的荣耀被饰以巧夺天工的技艺时，它将更加辉煌。我们至今仍珍藏的被公认是最古老的珍宝是什么呢？无疑是埃及第四王朝金字塔时代的雕塑了。制作这些东西的人一定是法老的仆人。正是在这样的皇室家庭（以及那些依附于寺庙的家庭）中，人类的智慧被应用于手工艺术和其他领域，并首次走向辉煌。

自亚当·斯密以来，我们一直习惯于将劳动分工与市场发展联系在一起，因此当人们意识到这并不是劳动分工的起源时，他们会感到震惊。技艺最初的发展是独立于市场的。它确实意味着专业化，但它是一种自上而下的专业化（就像在现代工厂中引入新流程时发生的那种情况）。专业化实际上是一个规模经济的问题，它确实依赖于需求的集中程度，但市场只是集中需求的方式之一。还有另一种早已在经典的官僚机构中显现出来的方式，它甚至不容忽视地出现在封建领主的家庭中。

我想在本章中提出的最后一点是，对作为收入经济的非市场经济的另一种说法。在这种经济中，食物和其他必需品的"盈余"是从耕者那里榨取的，它们被用来供养公务员。与市场形式相比，它是一种真正的经济组

24

织形式，它是研究市场演变的首要背景。收入经济先于市场出现，但它比市场存在得更加长久。即使在自由放任主义的全盛时期，收入经济也没有完全消失。国家仍然需要职员，而他们需要供养。如今，公共部门的发展就是在大规模地向收入经济的方向倒退。但即使是这种收入经济最社会主义的形式，也已经被市场力量的经验深刻地改造过了。市场力量改造收入经济的方式之一是为它提供经济核算的机会，而最初的收入经济中几乎完全缺乏这种机会。虽然发生这种变革部分是出于军事原因，但这些原因与让最早的收入经济转向计划方向的原因没有根本上的区别。还有一些原因与国家性质的变化有关，而这除了通过市场经验以外几乎不可能发生。①

这些都是我将在接下来几章中详细阐述的问题。首先，我们必须考察市场机构是如何在我描述过的市场背景中演变的。其次，我们也许就可以判断出，市场机构能够或可以想象能够盛行到什么程度。

---

① 收入经济在经济思想史上占有特殊的地位。在重农学派的思想体系中不难看出这一点。重农学派是法国 18 世纪 60 年代最早给公众舆论留下深刻印象的经济学家团体。重农学派阐述的是交换经济，他们知道自己在阐述交换经济。然而，他们的大部分思想仍求助于一种可以追溯到交换经济以前的模式。在他们看来，只有农业是"生产性的"。何以见得呢？因为它产生了被多年来的经验所证明的应税盈余（或者在他们看来类似的东西）。非农业工人则是"不生产的阶级"——因为按照上述经验，他们似乎是靠这种盈余为生而非对它做出贡献。即使当时的法国已经脱离了这种模式，他们的思想也没有因此改变。他们的"卓越之处"在于建议回归该模式。

Ⅲ. 市场的兴起

25　　现在我们已经将舞台布置好，只等主角登场了。主角登场是毫无疑问的，但他到底是英雄，还是恶棍，或者是悲剧英雄，这还有待观察。

计划要素使作为背景的习俗经济或多或少地划分了等级。这是一个（我们可以这样理解）早已从事农业活动的经济体，它有政府，政府的形式可能很简单，也可能很复杂；它有工业，至少是手工业意义上的工业。它没有的，而且将变得非常重要的是交易。这里有农民、有士兵、有管理者、有工匠，但是没有商人、没有专门从事交易的人。

我想强调的是，新世界的起点是交易的专业化，而不是没有专业化的初级交易阶段。偶然的交易——一种孤立的、任何一方都不保证还会更进一步的交换行为——自古以来就会不时发生，但对进行这种交易的人们的生活影响甚微。此外，还有一种近乎交易的行为必须被排除在外，尽管它在考古记录上留下了深刻的印记；它也完全符合最简单的习俗经济的惯例，因此，在我们看来，它不标志着任何决定性的变化。在某些场合，例如婚礼，送礼是适当的。但如果礼物是其中一方给予的，那么为了维护尊严，另外一方也必须给。礼物一定要合适，但它们没有必要是公认等价的。在原始民族广泛分布居住的地区，有一些物品被认为适合作为礼物（难道现在我们还不知道这样的物品吗?），只需要这一点就足够说明了。① 在这个阶段（人们）并不认为礼物应该"刚从店里买回来"，它不会因为是二手或三手的而变差。这种礼物交换可能属于前商业阶段，但这还不是交易。 26

商人——专业商人——是如何出现的呢? 除非他有可以交易的东西，否则他不能进行交易；他是如何获得存货的呢? 在习俗经济的正常运作中，很难看出他可以通过什么方式做到这一点。因此，我们很容易得出这样的结论：他最初一定是通过某种"不正当的"方式获得

---

① Grahame Clark，"Traffic in Stone Axe and Adze Blades，"*Economic History Review*，August 1965. 这篇发人深省的文章对我形成自己的想法帮助很大。

了存货。他最初一定当过海盗或强盗，否则他无法开业。
当然，我们必须承认，这是他开始时可能采取的一种方
式。接受赃物的人在某种程度上也是一种商人，例如海
盗行径和海上贸易有时会难以区分。然而，没有理由认
为这是主要的解决办法。只有当我们想走捷径的时候，
这种方式看起来才是合理的。我们没有理由认为专业商
人是一下子就登场的，如果我们任其发展，商人们自然
能找到更多"正常"的进场方式。

常规交易在向专业化交易的演变过程中兴起。常规
交易发展的最简单的方式可能是像下面这样的。

任何形式的社交聚会（如宗教节日）都提供了交易
的机会，交易最初是偶然开始的，但会逐渐变成习惯性
的。最初这些商品被带来时可能只是为了节日期间的个
人消费，也可能只是献给神的礼物。但是如果参与者带
来的东西不完全相同，他们就会忍不住互相交换这些物
品。在最开始时这只是一种副业，如果这种初级交易能
带来的好处很小，那么它仍将持续作为副业存在。① 但
是，当好处变得更加可观时，这种新的活动可能就会成

① 如果实行的农业形式完全（或几乎完全）是种植植物，如果靠近市场的农场
种植着几乎同样的作物，那么有利的交换机会可能很小。当然，区域内自然条件的变
化会拓宽这一范围。在畜牧业中，也许更容易得到交换的好处。野兽有死有生，如果
没有交换，农场里牲畜的"杂交"在这种自然的作用下就会常常有违农民的期望。而
通过交换，他可以得到更好的"杂交"品种。

长起来，从而与聚会的最初动机背道而驰。宗教性质的"丰收节"就变成了乡村的集市。

在这种集市上交易的人多半还不会成为专业的商人。即使交易已经成为习惯，市场频繁地开放，交易者仍有可能是一周来一次的农民。他们的生活方式不需要再改变什么。交易完全有可能就通过这种简单的方式长期进行下去。[①] 然而，这不过是交易从集市到专业化的开端迈出的一小步。

某些农民可能比其他人更富有，或者只是比其他人拥有更多的可交易品（不是同一种物品）。由于他们有更多的东西可卖，其他人会特别急切地与他们做生意，他们的交易就会变得更加活跃。提供给他们的货物并不总是他们自己希望获得的（简单的物物交换以双方都愿意交换为前提）。但由于他们的交易变得更加活跃，有时他们也会愿意接受这些商品，因为他们有更好的机会来将这些商品转售给其他人。然后他们就开始扮演中间人的角色，多边交易可以通过他们来开展。他们可能仍然是 *28* 亦农亦商的，但已经开始发展出部分的专业化。

---

① 至今仍存在的乡村市场（西欧也有，在"不发达"国家更是如此）很少是"纯粹"的现代工业的产物。不难看出它们身上历史悠久的古风。在乌尔比诺（意大利中部），每逢星期六上午，当你穿过熙熙攘攘的市场，读着贴在城墙上的蒙田（Montaigne）的语录时，会感到心情激荡。蒙田描述了他在 1581 年访问乌尔比诺的情形："时值周六，这里有集市。"

这种情况甚至会发生在不常举行的交易会上，但只有当市场频繁开放时，才有进一步发展的空间。已购进的用于转售的货物不需要在同一天就转卖出去，如果它们有一定的耐用性，就可以被保留下来并在以后有机会时再出售。能利用这个机会的中间人变成了存货持有人，当这项活动对他来说变得重要时，妥善保管存货就成了他的主要责任。在农场和市场之间运送货物既昂贵又有风险，更加安全的做法是把它们存放在市场中就地看管；当然，这些货物也就准备好可以随时出售了。当他做到了这一点时，他的确已经成了一个专业的商人。他把经营基地转移到市场上，并在那里开店营业。

因此，在这里我们有一条可供专业化交易发展的路线，正如我们将看到的，这不是唯一的路线。但在我们（暂时）离开它之前，让我们（沿着这条路线）再进一步。并不是说在对准备转售的库存进行看管的同时应该避免它们发生任何物质变化。存货应被妥善保管以避免因损毁而丧失销售能力；但如果对它进行适当的加工，就可能增加它的销路。纯粹的商人被认为与工匠或"生产者"之间存在着根本性的区别：纯粹的商人为转售而买进，他们转售与买进的物品在物质上相同，而工匠或"生产者"要对他所买的东西进行加工，从而以不同的形式进行转售。但在经济上，甚至在社会上，这个区别都不像看上去的那么重要。这是一种技术上而非经济上的区别。在工业制度普遍存在之前,纯粹商人的商店和为市场"生产"的工匠的"作坊"可能并存。[①] 早期的"制造商"(用18世纪的旧词来称呼)是一名工匠,但他不像我们在收入经济中遇到的工匠那样为雇主工作。他是为市场工作的。他既买也卖,没有买卖,他就无法生存。因此,他可以被认为是一种专业化的商人(我们将这样看待他)。[②]

29

现在我已经完成了对一种专业化交易演变过程的描述。这是解释的一部分,但我认为,仅凭这一点还不足以解释我心中的转变。确实可能有一种从这种"小商业"(法国人这样称呼它)到具有不同潜力的"大商业"的转变。正如我们所看到的,因为店主做好了不仅仅在开市的日子而是在任何一天做生意的准备,所以市场在时间上能够保持连续性。他也可以做一些事情来使其在空间上保持连续性。如果他或他的代理人去邻近的商业中心购买在本地出售会有利可图的东西,并把本地的东西在那里出售作为回报,那么市场就在空间上延伸了。这样,交易才能逐渐发展起来,但"大商业"似乎并不仅仅是

---

① (直到今天)人们在伊斯法罕这种大型的东方市场上仍然可以看到两者并存。

② 在采用这种分类时,我遵循的是(门格尔和帕累托的)现代观点,而不是马克思从亚当·斯密那里继承来的观点。

通过这种方式建立起来的。

还有其他的可能性。到目前为止，我所讲的故事是从乡村的习俗经济开始的。然而，我们还可以从一种有着更强的计划要素的社会形态开始。正如我们所看到的那样，在那个社会里，社会分工的专业化早已很强大了。从已经实现的专业化进入大规模的商业贸易有一条更为便捷的途径。

它可以直接从（社会）顶端开始。任何伟大的国王都必须接受邻近的酋长派来的使节：有些酋长与他相比微不足道，而有些酋长与他势均力敌。他们将带来礼物，而国王会将其作为贡品接受；但若不回赠礼物将会有损国王的尊严。^① 在奉献给他的贡品中，有一些贡品会是国王想要获得更多的。一种得到它们的简单方法就是派出使节带着礼物前去，同时带着的还有关于什么样的回礼将受到欢迎的指令。（使节这样做是在利用习俗经济的某些惯例，其目的显然超出了这些惯例。但我们确实认为他利用了这种惯例，因为他在其他活动中也是这样做的。）

从事这项任务的管家已经在按命令执行商人的一些职能。如果他执行得很成功，就会被调回来重复执行这

---

① 这一幕在埃及的文献中屡见不鲜。

种任务，那么他就会专门从事这个新活动了。他并不独立，但已经算是一个商人了。他仍然是国王的仆人，一个（像其他仆人一样）专门从事某一特定活动的仆人。代表主人进行贸易就是他被要求执行的任务。①

虽然他不是一个独立的商人，但他在特定的交易中与独立的商人几乎没有区别。他必须自己决定是否要进行某项交易，他只对交易的一般结果或整个商队交易的结果负责。既然如此，在假定的情况下，他几乎不可避免地在某种程度上会从依附地位过渡到独立经营。也许他在接受委任的时候是一个"心术不正的管家"，会从自己受命保管的抢手的货物中留下一些，以便做一些他个人的私人交易。可是他不大可能这样看，他的主人也不会这样看，因为他看起来只是在做和其他仆人一样的事，这些仆人靠他们获得的收益养活自己，然后把剩下的部分上交国库。（毕竟，他要在外出经商期间养活自己，为什么他不能以最有利的方式来做呢？）这样做的管家已经成为一个兼职的独立商人了，就像前一种情况一样，新活动可以取代旧活动，并最终会成为主要的活动。

我已经以一种宏大的方式讲述了第二种情况，它可

31

① 我们可以认为为所罗门工作的商人就是这样的。"所罗门的马是从埃及带来的，是王的商人一群一群按着定价买来的。"（《列王纪上》10：28。）

能被认为是国际（或王室间）交易的开端，但没有理由认为它不会在低阶层的情况下重演。对于小领主和独立的小诸侯，我们可以预料到他们会以基本相同的方式从事对外贸易。他们所做的是否足以让他们的仆人成为专业化的商人，取决于他们能从仆人可能进行的交易中获得多少好处。不仅要看他们必须得提供什么，还要看他们在触手可及的地方通过交换获得的商品是不是他们想要的。即使是小领土的统治者或小庄园的主人，如果他能从中获得足够的好处，那么让他的一些仆人专门从事交易就是值得的。（而我们可以肯定的是，让仆人去经商，到头来也会受制于仆人。）

　　"对外"贸易就到此为止，但有一种国内的交易可以以类似的方式发展。王室或封建制度的经济基础是税收，但是以实物支付的税收，通常会以一种官方并不愿意接受的形式或在非官方指定的地点支付。国王的仆人中包括工匠，他们必须有用来干活的材料；税收的一部分（最初作为粮食供应上缴）必须被用来满足这些供应材料（工匠需要的）的人的需求。这些人（矿工或护林人）也可以算作国王的仆人，但对他们的供应必须是有组织的，而且就近购买可能比向周围的居民征税更容易保证这种供应。那些以这种方式组织供应的人得到了许多和从事对外贸易的管事相似的机会。在征收和处理税收的过程

32

中确实存在着许多兼职经商的机会，而兼职经商很容易像前面那样变成全职。

如果人们聚集在一起交换产品的市场已经存在，那么代表统治者（或小领主）进行的所有这类交易当然会容易得多。因此，这两种经营方式结合起来，相互促进。这种（交易的）强化在两方面产生了影响。现代形式的城市在很大程度上应该被视为我们正在完成的变革的结果。然而，古代君主国家确实有一些城市只能被理解为经济单位，如果我们认为它们是靠（或主要是靠）税收支出来维持的，而税收支出正是这些社会的经济基础。孟斐斯和底比斯，尼尼微、尼姆鲁德和巴比伦：在很大程度上它们确实首先应该被视为王室的外延，这里居住着国王的随从、这些随从的仆人，以及这些仆人的仆人们。① 然而毫无疑问的是，它们有市场。而且根据刚才所说的，很容易看出它们一定已经有了市场。这些地区聚集了庞大的人口和收入，这些收入来自外部地区，有时候甚至还是以原材料的形式，因此这些地区有进行各种有利的交易所必需的资金。这些市场上的商人有时是"逃跑的"农民（就像我们开始讲的乡村集会上的商人）；有时他们是贵族的"逃跑的"仆人（就像自

---

① 它们是都城，就像曾经的华盛顿和今天的堪培拉一样。

已创业的管家）；有时他们是没有完全与贵族脱离关系的仆人。在这个早期阶段，我们所探究的路线已经开始齐头并进了。

现在，我们已经有了以各种形式在习俗经济和计划经济的边缘经营的大大小小的商人。我们正在期待的变革还没有完全发生，但现在我们已经为此做好了准备。一旦有了一个商人阶层，他们就会开始形成一个或紧密或松散的新型社区。这是我们在习俗和计划类型之外增加的第三种组织类型。我们必须将它标记为重商主义或商业性的，不过这些词的弦外之音［特别是带上"主义"（"-isms"）二字时］至少在目前不必放在心上。

商品经济根本不是计划经济，它并不是"计划好的"。与我们研究过的理论相比，它是高度个人主义的，但这并不意味着它是无政府主义的。商人们即使在分工上要履行新的社会职责也会有组织上的需求，并且必须找到满足这些需求的方法。只有当他们发展出一些与他们所创造的经济相适应的政治或半政治结构的元素时，他们所创造的经济才能走得更远。

一种最简单的需求——在拥挤的市场中维持某种秩序——立即被提出来了，但它本身并不会产生新的问题。任何政府，即使是我们已经考察过的前重商主义政府，也必然坚决反对打斗和骚乱（或者按照其标准被视为打斗和骚乱的现象），因为它们代表了一种明显的纯粹是政治性的危险。在市场上聚集是集会的一种，而每一种集会都有潜在的危险。这是政府干预市场的第一个原因，这就解释了为什么政府总是坚持市场要经过某种许可才能开市。但是，商业交易不是必须发生在（可能很吵闹的）集会上；交易越频繁（规律），交易是否在集会上发生这一点就越不重要。

商品经济特有的且确实会引起新问题的需求主要有两种：保护财产的需求和维护合同的需求。

我没有过多考虑保护财产免受暴力侵害的需求，尽管这种看法很流行。这也是我们常常能看到商家聚集在城镇和贸易点的原因之一，他们在那里可以联合起来保护他们的财产，这比他们只靠自己要稍好一些。在这件事上，他们从一开始就有了共同的利益。此外，还有一种需求更具"法律上的"意义，即他们要求财产权。

商人必须拥有他所交易的商品的财产权，即他对该财产的权利必须是可确认的。当他出售一件物品时，他必须能够向买方保证待出售的物品是属于他的。如果有人质疑他，他就必须能够证明对此拥有财产权。这在习俗制度下并不完全适用。在习俗社会看来，对于他自己都不知道用来干什么的东西，他能拥有什么权利呢？对于他持有只是为了摆脱它们——直接或间接地把它们处

34

理给确实需要它们的人——的东西，他能有什么权利呢？他要求的权利与农民对其土地的权利或任何家庭对其家具的权利都有所不同——在这两种情况下，需求是非常明显的。然而，这是一种商人自己必须承认的权利：既然他们为自己要求这种权利，那么他们就必须在与他们交易的人当中承认它。他们必须找到一种能够（至少在正常情况下）确立这种权利的方法。

维护合同的要求以下列方式产生。即使是最简单的交易也是一种合同，为了获得对他所购买的东西的权利，交易每一方都放弃了对他所出售的东西的权利。可能从很早开始，当交换的协议达成时，被交换的东西并不是或并不完全是现货。因此，这种交易有三个容易区分的部分：协议的签订、一方的交货和另一方的交货。一旦做出了这种区分，协议本身就不过是为了交货而做出的承诺。交易就是凭借承诺进行的，但是除非能够合理地保证承诺会得到遵守，否则凭借承诺进行交易就是无效的。

可能仅仅因为不守信用——故意欺骗——承诺就无35 法被遵守；但即使没有欺骗，它也可能因其他原因而无法实现。双方可能会对承诺的内容有所误解，所以当货物交付时，这些货物虽然是卖方计划和预计交付的货物，但并不是买方计划和期望得到的货物。同样，也可能发生由于某些意外事件卖方无法履行其承诺的情况；他可能亡故了，或者他计划交付的货物可能被毁坏或偷走了。这样的可能性（在不同种类的交易中会出现各种各样的可能性）不能被完全排除。虽然可以签订合同并在合同上标明许多这样的可能性，但在频繁的交易中，为每笔交易都在合同上标明这些可能性是不值得的。如果能像最初合同中的一方或双方所理解的那样，人们对合同的履行过程中可能存在的障碍有一些一般性的理解，那么交易将会得到极大的便利——这实际上是持续而频繁的交易所必要的条件。

在商人和非商人之间建立这种理解绝非易事，这就是在商品经济（我们将这样称呼它）的边界上经常会发生摩擦的一个主要原因——这种摩擦伴随着商品经济从最初一直到今天的整个发展过程。商人之间（一个商人与另一个商人之间）的交易，从原则上讲会更加容易建立理解。如果协议双方所从事的业务种类相同，那就有理由认为双方会按照相同的观念和含义来对协议进行理解，他们之间就有"共同语言"。但即使是在商人之间的交易中，也可能会有误解和欺骗，而且还可能发生意料之外的变故。因此就会产生纠纷；为了使协议保持可靠，就必须有解决纠纷的方法。所以，法律（或至少是准法律）体系是必需的。①

36　　现在一般认为，习俗或计划-习俗制度（商业社会正在其内部努力发展）有着自己的解决争端的方法。但是，旧法律制度的特征（尽管它们在许多方面延续到了近代的法律制度中）并不能满足——至少不能轻易满足——市场的需要。古老的按习俗权利和义务进行调解的原则，完全不符合现在的要求。现在需要解决的问题是合同中产生的权利的性质。有些合同〔比如莎士比亚在《威尼斯商人》（*The Merchant of Venice*）中夸张地演绎的荒谬合同〕显然应该被按下不提，但在许多不那么极端的情况下，应该做的事情并不明显。从商品经济顺利运作的角度来看，重要的是即使在比较困难的问题上，参与交易的人也应该做出明确的决定。这样，虽然一个合同可能无效，但以后更多的合同就不会无效，那些签订合同的人将能够知道什么可以强制执行、什么不可以。但这并不是那种以习惯法为背景的裁决很容易做出的决定。

如果商品经济要蓬勃发展，就必须至少在某种程度上确立对财产的保护和对合同的保护。它们都不是由传统社会提供的，但商人自己（在某种程度上）足以提供

---

① 我要感谢赫伯特·哈特（Herbert Hart）教授的《法律概念》（*Concept of Law*，Oxford，1961），它使我对这些问题有了清晰的认知。

这些保护。就像我们看到的那样，他们可以联合起来保护自己的财产不受暴力侵害；也可以建立内部的财产权核查规则。那么即使正式的裁判员没有履行必需的职责，他们也可以管制自己的合同，使合同中包括仲裁条款——由另一个商人而不是裁判员进行仲裁。然而，除非商业团体已经建立了一些社会联结，否则这几乎是不可能的。随机聚集的人群就几乎不可能获得这种保护。但人们可以理解的是，在某些情况下他们一开始就可以获得这种保护。如果商人们属于某一少数民族或宗教团体，即使 *37* 是一个受人排挤且轻视的民族或宗教团体，他们也很可能有自己的天然领袖。在这些同样是商人的领袖中，也许可以找到所需的仲裁人。人们会想到犹太人，也许还有波斯人，或者是任何出身相同的、在外国营商的商人团体。

在此基础上，我们可以做很多事情；而在其他一些情况下，人们一定会断言事情已经做完了。我认为，在受到西方冲击之前，东亚的法律制度并不是完全适应商人的需要的。① 然而，毫无疑问，古代中国和古代日本都有过显著的商业扩张。在明朝初期（15 世纪），中国的海外贸易就有了重大发展（但为时不长），而在 17 世

---

① 一个明显的例证是，作为明治维新之后现代化进程的一部分，日本人不得不对其法律制度进行了激烈的改革。

纪，在德川幕府统治下的日本的国内贸易得到了极大的发展。我们了解到[①]，17 世纪大阪的商人甚至能够进行非常复杂的商业交易，例如建立了期货市场。他们显然一定是在几乎没有得到本国政治机构帮助的情况下就做到了这一步，他们一定找到了一种通过他们内部的安排来充分管制他们的合同的方法。

38　　因此这是可以做到的，但是建立在这种基础上的商品经济不可避免地会受到限制。它缺乏发展的力量，缺乏不断向新的领域和新的应用扩展的力量——当可以使用更正规的法律制度时，它的确充沛地拥有这种力量。为此，统治者（无论他们是谁）对商业交易持有某种赞同的态度就是必不可少的。商人们常常会得到统治者的帮助，但这种帮助不太可靠，因为（正如我们将在下文看到的[②]）统治者有好几种方法可以轻易地从臣民中获得商人。必要的还有，统治者们的法官和行政人员也对交易持有一种"好感"，这样他们才能给予交易所需要的帮助，或者更确切地说，交易所需要的认可。这是一个很难满足的要求，但当统治者本身就是商人或自己深入

---

①　E. S. Crawcour, "Development of a Credit System in 17th Century Japan," *Journal of Economic History*，Sept. 1961，p. 350.

　　大阪贸易源于日本中西部向伊多（东京）的幕府输送大米。因此，这不失为说明市场发展进程之一的一个好例子。关于市场发展进程，已经在前面提到了。

②　见下文，第 66 页。

参与交易时，它就可以得到满足。

这是怎么发生的呢？仅仅有一个国王雇用商人为他做几笔交易是不够的（就像法老和所罗门所做的那样），在我们现在所处的阶段，所需要的远远不止这些。我们必须假定有这样一个共同体，交易在共同体中已经能够获得某种社会价值，而在诸多类型的交易中最容易为这个共同体所必不可少的就是对外贸易。而如果对外贸易要获得如此重要的地位，它就必须提供比国内贸易更大的机会；这在一个较小的社区里最容易出现。因此，我们需要的是一个有很多适合进行对外贸易的机会的小社区，但它必须是一个独立的社区，并足以形成自己的一套制度来满足自己的需求。这些条件都是严格的，但有一个众所周知的情况满足了这些条件，即城邦制。

欧洲文明经历了一个城邦阶段，这是欧洲历史与亚洲历史产生分歧的主要原因。产生这种分歧的原因主要是地理方面的，欧洲的城邦是地中海的馈赠。在技术条件方面（这些条件已通过大部分有记载的历史获得），地 *39* 中海已一跃成为联系生产能力迥异的国家的重要通道。此外，它有许多孤立的峡谷、岛屿、海岬和山谷，在相同的条件下，这些地方是很容易进行防御的。亚洲在这方面几乎没有可比性。与地中海相比，日本内海很小（甚至没有爱琴海大），其周边地区的自然资源也并不像地中海国家那样丰富多样。印度绵延不绝的海岸线则使沿海的贸易机会相当有限。在整个亚洲版图上，也许最有希望的是东南角（印度尼西亚和中南半岛），一个像地中海那样的贸易体系最有可能在那里发展起来。然而，那里机会较少、困难较大。虽然几个世纪以来那里的确有着频繁的海上交易往来，但直到新加坡崛起，它才成为一个拥有城邦的地区。

人们在谈到城邦时主要会想到希腊，但城邦是一种较为普遍的社会现象。它不仅仅是希腊人的创造，在希腊人之前有腓尼基人（泰尔、西顿和迦太基），而与希腊城邦同时代的有伊特拉斯坎人的城邦。当我们发现在时代更晚但却相似的背景下，同样的情况在意大利中世纪和文艺复兴时期的城邦中再次出现时，这就变得更加显著了，这一现象的普遍性也得到了更清晰的证明。下一章我要讲的关于城邦阶段的经济，有很多内容都适用于这两种情况。然而，在这后一个时期，确实有一些技术的发展（特别是帆船的发展①）使地中海丧失了部分优势。因此，城邦的发展得以延伸到更北部的水域。所以我们想到了北海和波罗的海的汉萨城镇，以及德国和各低地国家的城邦（它们实际上是城邦）。

_40_

---

① J. H. Parry, *The Age of Reconnaissance* (London 1963), Ch. 3.

当然，我们对后来这些城邦国家的经济结构的了解要比我们对希腊的了解更加详尽。在阿马尔菲、比萨、热那亚和威尼斯，交易利益的卓越地位是明确的。值得注意的是，在 13 世纪控制着佛罗伦萨大部分政治的 10 个"主要行业"（或行会）中，有 7 个从事出口贸易。而交易在希腊城邦的地位就不那么显赫了。希腊的贸易扩张期很早就开始了，一般被认为发生在公元前 750—前 550 年。尽管考古学家认为扩张的事实无可争议，但我们并没有多少来自早期的文字资料。① 古代历史学家普遍认为②，在那个时期，希腊城邦的统治阶级是领主而非商人；然而，也有人郑重地指出，如果贸易真像它所表现的那样活跃，那么即使是领主阶级也可能在大肆从事交易活动。③ 交易的商品中无疑会有一些（也可能是许多）农产品，诗人对希腊海岸的描绘非常生动："满载着琥珀色的葡萄和

41

---

① N. G. L. Hammond，*History of Greece*（Oxford 1959），esp. pp. 130‑31.

② 参见安德鲁斯教授（A. Andrews）的《希腊人》（*The Greeks*）在第 6～7 章列举的事例。

③ 《荷马史诗》中就有一段描述了我们刚才看到的这种情况。当雅典娜第一次出现在底涅马库什时［《奥德赛》（*Odyssey*）i. 180‑4］，她伪装成某个门特斯。他说自己"统治"着一个沿海民族（塔菲亚人），但他正在航海去用一船铁换一船铜。他是一位勇士的儿子，又是奥德赛的朋友，因此，有大量证据把他归为统治阶级，但他却又从事贸易。

当然，门特斯是一个虚构的人物，但这加强了我的论点。他讲的故事除非是听起来有可能的，除非是诗人的听众能接受而不认为是荒诞的，否则就毫无意义。

当然，在古代和近代作家的许多著作中，商人的社会地位被认为是很低的，最多也不过是"中产阶级"。根据这里对于商人的演变的观点来看，即使是较大的商人也无疑是从领主的仆人阶层发展起来的。

加安葡萄酒，青葱的无花果和浸泡在盐水中的金枪鱼"[1]。这些东西当然会很受欢迎，不过商人也会运送一些别的东西。为什么我们要假定这些货物总是（或者正常情况下是）船长的个人财产呢？它们一定是从农场或庄园里来的，如果庄园的管家将其委托给商人，那么庄园本身就会间接地从事交易。更多的就不需要再说了。

由观察得知这些例子的共同之处时，如果我们把"典型的"城邦作为一个贸易实体来对待，那就必然是正确的：城邦作为存在于西方历史上，从而存在于整个世界的历史上的一种组织形式，是至关重要且具有特殊意义的。

---

[1] Arnold，"The Scholar Gypsy."

Ⅳ. 城邦和殖民地

当城邦被认为是一种政治组织时，它不仅拥有一段 历史（古希腊和中世纪意大利就是其中突出的两段插曲），还有一种理论，这种理论是自柏拉图和亚里士多德以来的政治哲学家们关注的焦点。当城邦被认为是一种经济组织时，它也有相应的一段历史，这段历史在这方面如此独具特色，以至我们不妨认为它应该有一些理论来与之对应。在这一章中，我将努力勾勒出一种关于城邦的经济理论或经济制度，我们将这种经济制度视为商品经济的第一阶段。它将是一个和经济学家用来阐明经济制度运作的其他模型（教科书中关于19世纪金本位制的模型就是一个明显的例子）一样的"模型"。当我们使用这样一个模型时，我们并不认为它描述的是在任何特定情况下实际发生或已经发生的事情，它只是一个具有代表性的案例，而某些特定的例子由于特殊原因可以有所不同。但是当我们发现（特定的案例）偏离了模型时，它就会引导我们探寻原因。如果它是一个好模型，那么这个对原因的探寻（至少有时）会是一个有趣的问题。

被视为一个贸易实体的城邦的核心是一群专门从事对外贸易的商人。他们中的一部分人与其他城邦的商人进行交易，而在整个城邦集团内相互之间都有着商业关系的全体商人构成了商品经济，即我们将要研究的人们的制度和人们相互之间的关系。即使在广义上，商品经济仍然是一个开放的经济，它依靠与外部的人进行交易而存在。我们并不将这些外部的人视为商人：虽然这些外部的人在与商人进行交易，但他们并不是专业化的交易者。因此在这个阶段，商品经济被认为是一种贸易中心制度，人们相互之间进行交易，但最终依赖于与外部世界的交易。

按照模型构建者的惯例，让我们从一个也许是最简单的情况开始。（比方说）有两个"外部"地区，其中一个地区粮食稀缺而石油丰富，另一个地区则相反。我们暂且不需要介绍货币，因为我们将要分析的交易虽然可

52

能，但并不一定以货币形式进行。① 重要的是，在一个地区，石油可以按以粮食计算的高价出售；而在另一个地区，粮食可以按以石油计算的高价出售，也就是说，以粮食计价，石油价值较低。我们用什么作为价格标准并不重要，用哪一种都是一样的。但为了更加清晰，我们应该选择其中一种并一直坚持下去，这里我们选择了石油。

那时商人通过低价买进粮食并高价卖出来获利（利润按石油计算）；除非一开始就有可观的利润，否则这种交易是不可能进行的。然而，既然粮食生产者愿意以支付给他们的价格出售粮食，那么生产者一定从这笔交易中获得了一些利益。毕竟除非能从中获得一些利益，否则他们何必要进行这笔交易呢？提供给他们的价格必须高于他们的"坚持价格"，即再低他们就会拒绝出售的价格：他们按照这个价格将无法获利，而在任何更高的价格下都肯定会有收益。从这个意义上说，粮食的卖家（石油的买家）肯定会得到利益；而且出于同样的原因，粮食的买家（石油的卖家）肯定也有类似的利益。因此，不仅是商人获得了利润，与他们交易的每一方都获得了收益（种类不同但实实在在的收益）。② 所以只要贸易是 44

---

① 我将在第Ⅴ章谈论货币。
② 后一种好处用术语来说就是消费者剩余。

自愿的，就一定会让每个人都有利可图。

这是一个有效而重要的原则，接下来的很多事情将取决于它。尽管如此，它还需要一些限定（或解释），在我们进一步应用它时，我将尽量谨慎地做出一些限定。在我们的粮食和石油的简单交易中（这仅仅是一个例子），有一种限定条件是不能省略的。也许（这与我一直所说的完全一致），这些商人是从粮食产地的以粮食为税收的地主那里而非粮食生产者那里购买粮食。如果是这样的话，虽然交易显然对这些地主有利（因为如果对他们不利的话，他们就不会去从事交易），但这并不一定意味着交易对他们的臣民也有利，甚至可能会对他们不利。交易是统治者利用其粮食税收的新方式，而这种新方式可能会刺激统治者，使他们从臣民那里榨取比先前令他们满足的还要多的粮食税收。他从交易中获得的收益因此增加，但这种额外的收益是以牺牲臣民的收益为代价的。[①] 这是贸易增长可能产生的一种分配效应（我们将看到，这并非唯一的一种），它不符合普遍受益原则。

让我们再回到商人这里。他们以低价（以石油计算）购买粮食并以高价出售，获得一笔可观的利润。因为我

---

① 同样的现象还有一个更不幸的例子可以在奴隶贸易的扩张助长了对奴隶的掠夺中看到，正如我们所知道的17—18世纪在西非部落社区中发生过的那样。

们是以石油为价值标准的，所以我们把这些利润看作了那么多的石油。当然也可以把利润的一部分看作石油、一部分看作粮食。他们可以直接消费这些利润，也可以把它与其他非商人做进一步交换，后者为他们提供其他商品供他们消费。但是他们还可能会用它做另一件事：我们都不必对"资本家的心理"做任何特别的假设，就可以断言其中某些人会将部分利润用于扩大他们的交易。（商人）用 100 单位的石油买来粮食，再用粮食买来了120 单位的石油。如果商人要持续做生意，就必须重复这个操作，但现在他已经有了超过 100 单位的石油可以重复交易。仅凭这一原因，我们就可以预料到交易将会增长。利润较低的交易可能不太容易增长，但有利可图的交易仅凭利润的再投资也会增长起来。

然而，基于传统经济推理的简单运用，一般认为交易的增长将缩小利润。为了从粮食生产者那里获得更多的粮食，商人们会发现自己必须给出一个更好（即更高）的价格；而为了卖出更多的粮食，他们又必须接受更低的价格，因此买卖价差会缩小，也就是说利润率会减小。在第一轮交易中大部分归于商人的交易所得将会被转移到非商人手中——至于其中有多少流向了粮食生产商、有多少流向了石油生产商，则取决于哪一方的需求更容易被满足。但由于归于商人的交易所得相对减少，他们的利润相对于交易量来说会下降。因此，他们的资本增加速度将会减缓，交易扩张的速度也会减缓。

这种观点无疑有一定的道理，这种引人注目的趋势一定是起作用的力量之一。我们必须援引这种"收益递减趋势"来解释交易的多样化——商人为了寻找新的交易对象和新的交易渠道的独特努力，使它成为创新者的活动。简单的交易（像我们开始时说的两个地区之间的粮食和石油的交易）肯定有一个限度，超过这个限度，交易将不能再扩张。随着这个限度的接近，交易的利润率将会下降。但随着交易的利润率下降，从事这种交易的商人会开始寻找新的投资方式。他们将寻求新的市场来处理他们的"粮食"或"石油"，或将粮食-石油交易扩展到其他地区，或将他们的存货（总有一种）转换成新的商品，以便开发新的交易渠道。这对他们来说是有利可图的，我们应该预料到他们会这样做（如果能找到这样做的方法的话）。然而必须注意的是，开辟新渠道涉及与各种新人（商人或非商人）订立新的合同，这些新合同要如何执行？一群商人中可能会进行的仲裁（如我们所见）取决于他们的社会凝聚力，因而将它们扩展到团体外并不容易。因此，如果必须依赖这种仲裁，多样化就可能遇到一个无法克服的障碍。城邦的组织形式正是在这里显示了它的优越性。在城邦内求助正规法律制度的可能性使得新类型的交易更容易在现有安排下，或通过对现有安排的适应而安全地进行。虽然不同城邦的法律制度可能不完全相同，但它们大概都有相似之处，因此可以提供某种程度的安全保障，尽管这比不上为同一城市商人之间的交易提供的安全保障。我认为这是城邦这种组织形式如此重要的主要原因之一。它特别有利于多样化交易的发展，从而为交易扩张提供了一种绕过第一种形式的"收益递减"障碍的方法。

我说"第一种形式"，是因为在某种意义上多样化交易只是一些简单交易的组合。简单交易的扩张将受到限制，为什么它们的组合最终不会遇到类似的限制呢？它最终也很可能会遇到限制，但多样化的交易具有扩张的 *47* 可能性，从而大大推迟了这一终点到来的时间。

首先，最初被开发的一些交易机会不一定是那些被证明为最有利可图的机会。更远的地方可能会有更有利的机会，但直到探明较近的机会后，商人才能发现它们。（这一点类似于对李嘉图地租理论的典型误用，在一个新的国家的村落中，最好的土地绝不是首先被占领的。在美国人到达中西部之前，马萨诸塞州贫瘠的土地也已经被好几代人所耕种。）同样的道理也适用于此。仅仅因为这个原因，在"收益递减趋势"——这时交易只能按递减的利润率扩张——出现之前，可能会有一个盈利能力增加的阶段。

可能还有另一个原因，交易像工业一样存在着真正的"收益递增趋势"。一方面，随着交易量的增加，可以更好地组织交易，从而降低交易成本。如果商人能降低成本，那么即使买卖价差缩小了，交易对商人来说也可能会像以前一样有利可图。另一方面，非商人的利润也会因价差的缩小而增加；然而，交易的盈利能力这一促进交易扩大规模的动力并未减弱。

与其说个体商人更容易进行更大规模的经营（尽管有时可能有这方面的案例），不如说他因归属于更大的集体而得到了好处。我们讨论的这种经济主要是马歇尔所说的"外部经济"。这些经济在城邦阶段可以被相当清晰地识别。有一些是因个别城邦或交易中心的扩张而兴起的，还有一些是由于交易中心的增多，即整个商品经济的发展而兴起的。

个别城市交易的扩大可能是通过现有企业的发展来实现的，但它也可能因为企业数量的增多，因依附于它的商人数量的增多而实现。外部的人（例如著名的古雅典的"外邦人"*）想要进来是为了得到给予商人的保护，这一点是不需要解释的。值得注意的是，应该有这

48

---

* 古希腊时通过缴税而被允许在希腊城里居住的非希腊人。——译者注

样一个阶段，他们的竞争得到了那些已经形成集体的人们的容忍乃至欢迎。这只能用这样的假设来解释：因新来者而成为可能的贸易扩张，实际上在这个阶段对所有人都是有利的。

如果新来者从事与已形成集体者完全相同的业务，他们的竞争最多只可能是无害的；只要扩张暂时受到阻碍，竞争就会变成一个麻烦。但事实上，他们不需要做同样的业务，他们最好的机会将是填补现有结构的空白。以前的商人（我们现在可以这样假设）不会都做同样的业务，有些事情是他们不得不自己去做的，尽管他们更愿意让新来者去做这些事情。通过开业经营的商人数量的增加，整个交易中心将受益于专业化和劳动分工。因此在一定程度上，一个较大的中心将能够比一个较小的中心更有效地进行交易。

这里所说的好处不仅是成本的直接降低，或许更重要的是风险的降低。在经营的环境中，每个交易者都只熟悉与他关系最密切的方面，他对与他仍密切相关但"相距甚远"的方面可能知之甚少。无论是通过直接增加知识，还是间接设计出一些防护措施来减轻由于无知产生的危害，对他而言找到降低由知识不完备而产生的风险的方法总是有利的。商品经济制度的演变在很大程度上事关寻找降低风险的方法。

49 　　这首先适用于我们以前讨论过的法律和准法律机构——保护财产和合同的机构。显而易见的是，如果它们的规模不是太小，就能够很好地发挥作用。这同样适用于代理人、分店和代理商行的激增。它适用于特殊形式的合同的发展，如保险和套期保值；随着市场规模的扩大，开展这些业务的机会也会增加，从而使这些业务变得越来越有效。当商业充分发展后，它也将适用于只有通过多边合同才能胜任的业务：例如通过贸易公司汇集资金和知识。在早期的城邦，某些业务的发展可能已经遥遥领先，但这些业务的初始形式很可能在引起广泛关注以前就已经出现了。情况往往是这样的：相互联系的商人数量越多，就越容易获取信息；更重要的是，风险（单个商人由于自身的无知而产生的风险）就越容易转移到那些在这方面不那么无知，或认为自己值得去这样做的人身上。

　　这些发展对单个交易中心内部来说显然很重要，而它们在交易中心之间也同样如此，所以它们在整体上促进了商品经济的发展——这是我正在区分的另一种扩张。一个交易中心与另一个交易中心的地理位置不同，这一事实使它在收集信息方面具有某种"比较优势"，通过在中心之间进行交易，可以利用这些优势来减少双方的风险。这一点不仅在任何时候都适用于现有中心之间的交易，而且它也完全适用于一些新中心（殖民地）的形成。交易中心依赖对外贸易；正如我一再强调的，整个商品经济都依赖于与外族人民的交易。人们有强烈的动机在可以储存货物，并可以观测消费者和供应商的需求及偏好的外地建立贸易站，以此来降低交易的风险。实际上 *50* 大规模的商业扩张也伴随着某种形式的殖民：腓尼基人把他们的殖民地散布在地中海四周，希腊人的殖民地环绕在地中海和黑海周围，中世纪的意大利人（在十字军东征的掩护下）沿着地中海北岸，将他们的殖民地从阿克里和罗兹岛扩张到佩拉和加拉塔，再到巴塞罗那。在16—17世纪，西欧的贸易国家把它们的殖民地扩展到世界各地。很难相信（上述）每种情况在某些基本方面会有所不同。

不过我们还是必须做出一些区分。并非所有殖民地都是商业性的，也并非所有商业殖民地最初都是贸易站。商业扩张和殖民之间虽然有联系，但它的作用方式不止一种。

从一个方面来说，殖民只是移民。即使是在我们开始的习俗（经济）的环境下，一个社区的一部分人从一个地区迁徙到另一个地区的简单移民也可能发生（例如在人口压力之下）。在非洲、亚洲和欧洲的早期历史中，这种情况可能发生且毫无疑问已经发生过很多次了，但这既不是由交易引起的，也没有引起交易。不过交易可以通过几种方式促进移民。交易活动可以探明移居地点，运输工具可以由商船提供，通过交易，殖民地可以维持与本土的联系，这使得移民在最初几年不免要经历的困难时期更容易度过。① 因此，商业扩张和殖民之间的联系可能只意味着移民成本的减少。迁徙的动机可能仍然是非商业性的，可以归咎于人口压力或其他类型的社会压力。

51　　必须承认，这种联系的另一个原因是军事。殖民地就像它们的"母国"一样，必须加以防卫；在我所有的例子中，海上交易一并带来的海上力量使他们的防卫成为可能。殖民地的移民可能需要防范被剥夺土地的原住民，也需要防范作为竞争对手的殖民者。贸易站殖民地（我们在这里更密切地关注的）有时可能通过与"土著"达成协议而建立；但是，由于这些殖民地至少在最初阶段是没有进入商品经济阶段的，与"土著"签订的长期合约就不容易稳固。误解导致争端，争端导致战争。虽然从商人的角度来看，战争似乎是防御性的，但从对方的角度来看就完全不同了。当经验表明建立贸易站很可

---

① 培根（Bacon）在 1625 年出版的《论殖民地》（*Plantations*）中生动地描述了这些困难，并特别关注了经济方面的困难。毫无疑问，他吸取了早期英国人在北美殖民的经验。

能产生这种军事上的后果时，人们也许就会对通过军事远征建立贸易站习以为常了。就像建立移民的殖民地一样，建立交易的殖民地也要具备实力因素。拥有某种在背后支持的力量是每个殖民地存在的条件。[①]

在建立交易殖民地的过程中使用武力，并不意味着建立后的殖民地是普遍受益原则的例外。如果它只是作为交易的基地，那么交易就应该对商人本身和与他们交易的"周围"的民族都有利。交易为周围的民族提供了新的机会，在某种意义上，这些机会必然代表着一种利益。他们的确必须学会利用他们的机会，在学习的过程中，他们会犯一些错误，而这些错误的代价往往很高。但承认这些错误及其后果并不代表否认主流趋势一定是有利的。（现代社会的）人们很容易对早期社会的美产生 *52* 感伤或浪漫的情绪；但事实上，当（早期社会的）人们得到一个真正的经济发展机会（这里所说的就是这种情况）时，他们通常会欣然接受并利用它。在这个过程中会有很多摩擦，但是，我们不能因为在意这种摩擦就对主流趋势视而不见。

---

① 当然下列情况也并不少见，没有势力（或势力不大）的商人被允许在外国领土上设立贸易站，并得到该外国政府的同意和管理。不过，这种"租界"并不是殖民地，人们通常会坚持认为它们不是殖民地。然而，它们确实是一项必须加以补充的重要发展。

然而我们必须坚持的是，这个乐观结论暗含的前提是：殖民地是一个真正的交易据点，而不是用来进行其他渗透的基地。用于确保交易安全的势力很容易被用于其他目的。它可以被用于征服，而征服在经济方面的目的正是税收、朝贡甚至掠夺。因此，正是威尼斯人这个贸易民族——如果世界上曾经有过贸易民族的话——在第四次十字军东征中洗劫了君士坦丁堡。也因此，在克莱武大捷之后，英国东印度公司的商人们控制了孟加拉，于是他们就从贸易转向了贪婪的剥削。这段黑暗的岁月一直持续到康沃利斯时期英帝国真正确立了在印度的地位，从而恢复秩序为止。[①] 这些灾难都应该归咎于局势，无论是在古代还是现代，我们很容易找到其他一些例子。

更荒谬的是，殖民者假装认为那些被殖民地的移民驱逐的原住民从中受益，或长期来看最终是受益的。他

---

① 象征着英国政府决定加强控制，将商人-剥削者送回原处的关键事件是对沃伦·黑斯廷斯（Warren Hastings）的审判。很明显，伯克（Burke）在对黑斯廷斯案件的陈述中犯了许多错误，黑斯廷斯自己为清除积弊采取了一些措施，结果不幸被挑出来成为牺牲品。然而，这种道德上的胜利一直是英国历史上最辉煌的时刻之一。这一切之所以会发生，是因为那些在印度发了财的人回来后大肆炫耀他们的财富。但是想想看，（在那用帆船航行的时代）那些受害的"印度教徒"（伯克这样称呼他们）是多么奇怪、多么遥远。

黑斯廷斯仍在受审。有关辩护词的现代说法，请参见 Penderel Moon, *Warren Hastings and British India* (London 1947)。马歇尔在《沃伦·黑斯廷斯的个人命运》("The Personal Fortune of Warren Hastings," *Econ. Hist. Review*, Dec. 1964) 中重新评论了对他的起诉。

们可能确实会受益，这并不是完全不可想象的；这个国家可能会为所有人提供空间，使得以前的居民最终至少 *53* 可以通过与移民进行交易获得一些经济利益。但是，"马萨诸塞州的印第安人现在在什么地方呢？"由此可见，幸福的结局（相对而言）是很少见的。

还有一种可能性——一种极其重要的可能性——我们还没有考虑到。到目前为止，我一直在比较交易殖民地和移民殖民地，事实上，有很多殖民地的情况对这两种情况都完全适用。但是还有这样一种殖民地，因为它是一个交易殖民地，所以它是一个移民殖民地。移民们的到来或被引进到殖民地，不仅仅是为了作为耕种者养活自己，也是为了让他们生产的东西能够成为被交易的商品。殖民地有明显的自然资源（农业或矿产），以前的居民由于太少而无法开发这些资源，或是商人们难以说服他们去生产那些他们可以生产的可交易商品，结果只能从其他地方引进劳动力（明显的商业解决办法）。这些劳工可能是奴隶劳工，也可能是在"种植园"工作的雇佣劳动力。但也有一种可能性是，移民被出售部分农产品的可能性所吸引，作为自由农民来到这里。这些（所有这些）都是市场对原始生产的渗透；这是我将在后面全面考察的问题，因为在我的体系中，它属于一个比本章考察的阶段稍晚的阶段。[①] 它在这里值得一提，是因为它的开端出现得很早。即使是一个纯粹的贸易站也需要食物，最简单的供应方法（通常）是引入农民就地生产。在一个已经以贸易为导向的社区，如果土地适宜，当地生产将很容易发展成为了出口而生产。希腊在西西里的殖民地在很早时候（公元前 7 世纪到前 6 世纪）的小麦出口[②]似乎就是这种情况。然而，城邦几乎不可能拥有能使得向这个方向发展得更远的人力和物力。种植园殖民故事的主要部分属于更晚的时代。

我必须回到我的"模型"上来。我们已经通过商品经济的扩张阶段对城邦形式的商品经济有所了解。通过利润的再投资，个体商户已经实现了增长。城市已经由于内部的商业发展和新移民的涌入发展起来了，而城邦通过殖民地化发展壮大。在发展的过程中，交易逐渐多样化，并通过规模经济更成功和有效地运作。竞争变得更加激烈，买卖价差有所缩小，但较为有效率的组织可以以较小的价差经营，因此资本利润不会减少，或不会减少太多；扩张的速度并没有受到利润压力的阻碍。尽

---

① 见本书第Ⅶ章。

② T. J. 邓巴宾（T. J. Dunbabin）的《西部的希腊人》（*The Western Greeks*，Oxford 1948，esp. Chs. 1 and 7）生动地再现了希腊在西西里和意大利的殖民地的各个经济发展阶段：这种再现的确非常受经济学家的欢迎。

管如此，交易给周边民族带来的好处还是随着价差的缩小而增加了——所谓增加，是就"总体上"而言的，因为会有一些例外。我们已经注意到了这样一些例外情况：由交易带来的国家内部的分配效应和移民对"土著"的排挤以及种植园的殖民。除此之外，还是会有一种扩张过程中固有的一般性的例外，这种例外在交换经济的扩张中很常见，不管扩张的过程是如何组织的，这种例外总是可能以某种形式存在。完全有可能发生的是，在某一阶段某个特定民族能够提供的某种特定物品出现了短缺，于是他们开始努力生产这种东西并以此获利。但是，在后面的阶段发现了更好的供应来源，于是原来的生产者在第一阶段得到的好处随即减少。就目前为止观察到的商业扩张而言，使原来的生产者遭受损失的主要原因是，在新的地区内开辟了新的供应来源，但这和我们今天通过技术发展而发生的情形是一样的。新油田的发现仍然是对旧的"高成本"生产商的一种威胁；而现在人造橡胶同样威胁着天然橡胶。虽然当今的技术革新加剧了团体衰落和地区萧条的问题，但是没有理由认为纯粹的地理上的贸易扩张引发的问题早已不存在。①

55

① 在希腊扩张的早期阶段西西里的小麦出口占主导地位，但在 5 世纪甚至更早的时候，它似乎就被黑海沿岸的小麦出口所取代了（Dunbabin，op. cit.）。

可以说，开辟供应来源但最终证明这种来源是不被需要的，这一过程所导致的损失和浪费是"不完全预见"的结果。这是事实，但并没有什么帮助，因为扩张本身就是无法完全预见的；这是一个发现的过程，而发现往往意味着错误。强调在所有这些转变中有得有失是更加中肯的。得失因人而异，因此不能轻易拿来相抵。然而，当我们从一定的距离（就像我们在考察希腊扩张时可能会做的那样）看问题时，有一点是可以看出来的，但当我们离得过近时就不那么容易看出来了，即"得"在某种意义上肯定居于主导地位。虽然从大的方面讲这也是一个分配问题，但"大体上"对周围民族还是有利的。

我们应该仔细介绍这种优势主要在于什么。如果我们掌握了事实，由价格变化（比如刚刚考察的那些）造成的得失将很容易通过我们常规的指数技术来衡量。但是，以前根本无法获得的新商品的供应所带来的收益往往会被完全忽视。[这和现代国民收入统计学家在考虑估算（商品）质量变化时遇到的问题是一样的。]毫无疑问，与我们的商人进行交易的人所获得的主要好处正是这一种。交易的扩张起初并不意味着更多的商品，它的主要作用不是增加商品的生产数量，而是重新配置商品使它们更加有用。随着生活范围的扩大，商品的种类也有所增加。这是用实际收入指数进行研究的"计量经济史"所不适合衡量，甚至不适合描述的一种收益。

当我们考虑商品经济的扩张时，所有这些问题（其中一些在当代经济学中仍然备受争议）都出现在我们的视野中——即使我们只考察它体现在城邦制度中时的最初形式。一方面，我们已经看到了有助于扩张的力量是什么；但另一方面，我们在阐明它们的过程中发现了一种"收益递减趋势"。只有通过组织的不断改进（这就是扩张的力量），利润率下降的趋势才能被抵消。如果商人们不能找到新的"经济"来使他们在现有市场上更有效地交易，或他们不能找到新的市场，那么他们就会发现价格将对他们不利；或者更确切地说，如果他们试图扩大交易量，就将处于一个价格不利于他们的地位。一种令人感兴趣的想法是假设一定有一个阶段会以一种势力为主，而下一个阶段会以另一种势力为主——在扩张阶段之后是停滞阶段；但这种情况未必会发生。情况可能是这样的，但也有可能在停顿之后发现了一些新的机会，从而恢复扩张。我们必须时刻保持警惕，不要太轻易地将时间序列和逻辑过程等同起来。

然而，停顿是不可避免的，停滞也可能会出现。这里必须强调的是，扩张的停滞并不意味着商品经济进入 *57* 一种"平衡"——理论经济学家所钟爱的静态竞争平衡。每一个中心在面临阻碍的时候都仍在努力扩张其交易，但以前被容忍的其他中心的竞争现在却成了威胁。各中心之间总是有争执，因为尽管它们的法律制度可能相似，但它们并没有一个共同的法律制度。而它们的交易增长开始受到限制之时就是它们之间可怕的斗争可能爆发之日。我们可以合理地推测，公元 1400 年左右持续了近40 年的威尼斯和热那亚之间的长期战争就是这样的；同样，人们难免会怀疑，始于雅典和科林斯之间的斗争的伯罗奔尼撒战争（在某些方面）是另一个例子。

　　另一种方法是在发现自己处于类似境地时像现代产业巨头那样行事。既然商业间的战争就像残酷的竞争一样有害于利润，为什么不靠毕竟还算正常的商业手段去寻求出路呢？为什么不通过达成一项或心照不宣或直截了当的协议来划分市场，避免彼此妨碍呢？

　　在"限制竞争"的情况下，很容易达成这种协议，因为它们不会是不为人所知的，它们即使是在扩张阶段也曾起过作用。我一直强调需要找到减少风险的方法（不止在那个阶段）。如果商人能在其交易的某一领域获得更大的安全保障，他就能在其他领域承担更大的风险、更富于进取。总有一些贸易部门似乎在目前没有什么发展空间，这些方面的限制性协定可能使其他方面的商机被更容易地开拓。因此，向限制性环境的转变可能是渐进的。一般来说，随着机会的接近或看似接近，有望通

过与竞争对手达成协议来保护自身的领域的做法也变得 *58*
更加广泛。商品经济逐渐以这种方式变成了一种习俗，
商人在习俗权利和义务体系中占有了一席之地。我们以
前认为制约计划经济的"社会趋势"，现在也以这种方式
表现在商品经济上。

　　然而从其他角度来看，这一阻止扩张的时刻可能是
一个美妙的时刻。利润仍然很高，但不将其投资于进一
步的扩张是维持利润的一个条件。一旦接受了这个条件，
就同时有了财富和安全。还有什么能改善的呢？混乱的
市场秩序已经整顿好了。人们在社会中都有自己的地位，
他们必须守住这些地位，但这些地位也通过保护他们免
受他人侵扰而被他们"保留"了下来。通过他们的行会
和类似的协会——它们是进行这种保护的手段——他们
可以探索新型的人类伙伴关系。它几乎是一种社会主义
的乌托邦，事实上许多社会主义的乌托邦都具有行会的
元素。①

　　还有其他值得庆幸的事。经济扩张的活力可能不会
立即丧失，它必须由交易创新转化而来，但有了安全和
财富，它可以转到其他领域。交易的扩张从来都是一种

---

　　① 当然，最明显的是 1910 年左右在英国盛行的"行会社会主义"，它对科尔
(Cole) 的著作产生了持久的影响。

促进智力的因素①，但当扩张达到一定程度不再吸收同样的精力时，人们就可以为了艺术而去追求艺术、为了求知而去学习。在商业扩张的末期，雅典变成了"艺术之母"，而佛罗伦萨和威尼斯是在完成商业扩张之后才成为文艺复兴的发源地的。这些成果让我们记住了它们，而成熟期就是摘取这些果实的季节。

59

这些城邦建立在贸易的基础上，当它们的商业活动消失时，城邦就会处于危险之中。每个经济体都面临着变化和机遇，当扩张的能力丧失时，灾后恢复的能力可能也就随之丧失。这是商品经济衰退的原因之一（虽然我们将会看到，这并不是唯一的原因）。

---

① 这种促进的形式往往不引人注意，但事实是不容置疑的。希罗多德（Herodotus）如果不利用商人积累的有关东方的知识，还能写出他的历史吗？如果不是追随这些商人的脚步，他还能像我们知道的那样遍访这些国家吗？希腊人文主义意识作为众多多样性的统一体，如果不是以希腊人在其商业扩张过程中取得的来自周围蛮族的知识为背景，就不可能有如此鲜明而丰富的形式。

尽管（据我所知）它们还没有被详细考察过，但类似的联系一定也存在于文艺复兴中。值得一提的是一个似乎没有被注意到的例子。如果人们寻找透视法的起源，它在15世纪佛罗伦萨和威尼斯的绘画中曾引起过革命，最好从商业上寻求解释。布鲁内莱斯基难道不曾注意过那些中世纪的航海图吗？就在他之前，比萨人已经在最早的科学地图上解决了如何把船上看到的海岸线的图像垂直投影到水平面上的问题。他那幅著名的用透视法在西格诺里亚广场人行道上画的棋盘图案（瓦萨里告诉我们，这幅画是绘画中运用透视法的开端），恰恰是这件事的反例。对一个问题的考虑自然地会引导到另一个问题上。

V. 货币、法律和信用

一个城邦或城邦制度可能有（或者我们应该说可能 60
享有?）一个长期的衰落过程。我想，汉萨和威尼斯都是
如此，到了 18 世纪，随着实力的衰败，威尼斯无异于卡
纳莱托和卡萨诺瓦城。"在舰队消失的地方，亚得里亚海
一片苍茫，飘荡着圆滑的宦官和迷人的情郎。"[①] 当末日
来临之后，消失的不过是幽灵。

这是可能发生的情况，但还有一种更重要的情况。
即使城邦制度还有一些生命力，它也可能会以一种更激
烈的方式走向终结。这可能是因为一些在我们看来纯粹
是偶然的外部原因而发生的。但是还有一种原因我们不

---

① Pope，*Dunciad* iv. 309（约写于 1740 年）。

应该认为是偶然的，因为它合乎常理。这就是我所描述的一种过程的后果。

我们已经看到，商品经济的发展增加了参与交易者的财富，他们的权力也随着财富的增加而增长了起来。可能仅仅因为向他们出售了武器就让他们变得更强大，城邦在相互竞争时可能对此并不在意。还有一些不那么直接的方法可以帮助他们学习那些能增强他们实力的谋略和技术。这种强化可能需要很长时间才会变得危险。因为邻国君主们更加强大的第一个后果可能就是在他们之间发动战争。由希腊人煽动的叛乱反而使波斯人保持安宁，意大利文艺复兴则受到了英法百年战争的保护。但是，当一个军事君主由于考虑到商品经济的扩张而增强了自己的实力以期战胜当地的敌人的时候，过去足以保卫各贸易城邦的力量就很可能不够了。在我所举的主要例子中，事情似乎就是这样解决的。希腊人成为马其顿君主的臣民（或附属盟友），意大利各共和国成了法国和西班牙的牺牲品。

不仅是上述事例会这样收场，就是另外一些（必然不那么出名的）事例也完全可能这样收场。如果侵略者仅仅是掌握了更好的武器装备，那么他们只会一味地破坏。整个制度，包括商品经济和半商品经济，都将重新倒退回野蛮状态。我们所分析的过程即将结束，它在一段时间后可能会重新开始，但这样的话它将不得不完全重新开始。

然而，这并非不可避免，它可能会延续下去。如果侵略者已经充分地商业化，以至他们希望保留商业制度的一部分，那么商业制度就会延续下去。他们一直受益于邻国的商人，如果他们认识到这一优势，就会希望这种联系能够继续下去。国王更希望在他自己的臣民中拥有商人，即使他们不是他以前派去交易的那种仆人。如果他在掌权的时候已经做到了这一点，他就会把贸易中心占为己有而不是进行破坏。

贸易中心在一个至多是半商业化的国家的断断续续的保护下幸存，这种状态是大部分有记载的历史上一种标准的经济组织形式。在我的理论结构中，我将把它看作商业发展的第二阶段，城邦制度（以及在政治条件不太有利时商人们为自己建立的经济上相似但效力较弱的制度）则是第一阶段。当我们的结构完成时，它将作为一个中间阶段出现，这是名副其实的。虽然在历史记载中，它是由一些通常被称为"中世纪"的承前启后的情况代表的。从第一阶段到中间阶段，以及从中间阶段到现代的这种过渡（我们将在后面加以区分）不仅完全可以承认，也有充分的普遍性，因为这种分类可以作为一种有用的设想。

第一阶段的特点（无论以哪种形式）是：商业团体

62

是在一种基本上（或至少相对地）是非商业性的环境中建立的。商品经济与其所处的环境之间的界限相当分明。相反，在中间阶段，这个屏障大幅缩小了。因此，原本的非商业环境就在各个方面为市场的渗透开放。依此类推，中间阶段就是市场渗透的阶段。

我将在本章以及随后的三章中，通过一些主题来对市场渗透进行考察。"渗透"有很多种，所以按主题来划分显然是有必要的。不过必须承认，这也有它的不便之处。

当我们考虑纯粹的商业发展理论时（这实际上是我前几章的主题），我们可以专注于不同扩张的共同元素。因此，我可以同时论述希腊扩张和中世纪意大利扩张这两个主要案例。这在我们现在所说的阶段是行不通的。在希腊扩张和文艺复兴的后续中，我们可以发现中间阶段的某些特征，但总体而言，对这些后续的比较研究并不能让我们走得太远。每一种情形都有"渗透"，但在每一种情形中都会有一些渗透比其他的更成功。如果我们笼统地来看，那么希腊扩张之后的中间阶段一定会被认为已经趋于消失，紧随其后的是西欧的完全衰落，甚至连东方（阿拉伯和拜占庭）的发展也受到了阻碍。[①] 正是这些为新的开始

63

---

① 我并非不知道在东方持续存在的商业活动（关于这些论述，可见 A. E. Lieber, "Eastern Business Practices and Mediaeval European Commerce," *Econ. Hist. Review*, August 1968. 以及 C. G. F. Simkin, *The Traditional Trade of Asia*, Oxford 1968)。不过就我的分析而言，上述说法大致是正确的。

提供了机会。然而，正如我们将看到的（这并不令人惊讶）那样，有个别主题具有较多的连续性，所以当我们观察它们的时候，就会发现中间阶段似乎贯穿始终。这是很难分析的，但把主题分开可能会更容易一些。

我选择的第一个主题——我要研究的第一种渗透——是货币的使用。商品经济本身几乎从一开始，也许就是从一开始起，就一直在使用货币。我在最初的描述中并没有强调这一点，是因为我想按照一般经济学家的方式去探究"货币的奥秘"。然而这是一个严重的疏忽，在进一步考察之前必须加以补救。

在有文字记载的大部分历史上，货币都意味着铸币，即上面印着某个统治者的"肖像和题词"的一块块金属。因此，货币似乎是由国家制造的。毫无疑问，国家制度和货币制度之间的关系一直是非常密切的。不过很清楚的是，货币最初并不是国家创造的。在铸币之前就有了货币，它是商品经济的产物，不过它是各政府（甚至是完全非商业性的政府）都知道要接管的商品经济的第一个产物。[①]

---

① 奥地利经济学家卡尔·门格尔（Carl Menger）认为，这在纯理论领域必然是事实。参见他 1891 年发表在《经济学杂志》（*Economic Journal*）上的英文论文《货币的起源》（Origin of Money）。这是一篇值得被视为货币理论的经典著作之一的论文。它明确表述了门格尔在他的《国民经济学原理》（*Grundsätze*）中暗示过的学说，即商品的差异不仅在于它们的直接效用，而且在于它们的"可销售性"，货币只是完全可销售性的极端情况。这是现代货币理论由以出发的一个很好的原则。门格尔在理论上的发现已被考古学家充分证实了。

64　　　人们可以看到,这种情形已经在市场的演变中自然地显现出来了。请回想一下我们在乡村市场上的中间人,他正在变成股东,即他想出售的商品的持有人。他能持有什么商品呢?毫无疑问,主要是他很了解的商品,他预期能够卖掉这些商品,是因为人们知道他就是拥有这种商品的人。但还有另一种商品他持有了也会有用处,这种商品他虽然不了解,但它们的交易非常普遍,他很容易把它出售给任何人。所以当他需要的时候,就可以利用这些商品来获得他所了解的那些商品。不同专业领域的商人自然会把这种商品当作"一般等价物"来使用,因为一种商品如果是良好的"一般等价物",就会有更多的商人这样利用它。一种容易储存、容易隐蔽、不易损坏的商品显然特别适用于上述用途。因此金银取代了其他商品而充当"一般等价物",这是一种由于市场势力的自然作用而发生的集中。

　　这就是货币的"价值贮藏"职能,贵金属最初执行的很可能就是这种职能。一旦具备了这一职能,它们就可以变成"价值标准"和"支付手段"——这些职能以前是以其他不太方便的方式来执行的。即使在纯粹的物物交换中也往往需要价值标准。即使 A 有 B 想要的东西且 B 有 A 想要的东西,他们也可能无法达成交易。因为即使 A 愿意接受 B 的东西,且 B 愿意以部分付款的形式接受 A 的东西，B 也不一定愿意接受 A 的东西作为对自己的东西的充分交换。因此，如果要完成交易，A 的出价必须以某种方式进行"弥补"。当不可能用货币支付时，也可以用各种零碎的杂货来弥补。[①] 但是除非双方有某种对即将被转手的东西进行估价的方法，即以一个共同的标准来进行估价，否则将很难达成如此复杂的协议。为了这个目的，这种标准没有必要是参与这种特殊交易的一个东西，只要是通常交易的东西即可。当牲畜像在早期的一些市场上惯常实行的那样被用作"货币"时，人们主要期望它们执行的就是货币的这种职能。

牲畜是一种不方便的货币，不仅是因为它们只能以相当大的单位通行[②]，还因为它们没有同一性。现在的贵金属虽然比它们最初获得货币的用途时有所改进，但也并没有好很多。把一块金属分割成一般大小的小块是一项对技术要求很高的工作，在金属加工技术足够先进之前是无法得到合乎标准成分的金属的。这一障碍被克服之日就是贵金属获得成功之时。虽然贵金属早就具有某种货币效用，但它们直到被当作标准时才能发挥其潜力。

---

① 我曾在某处读到过（但具体在何处我恐怕记不清了）中世纪早期（大约是10世纪）两所修道院之间互换两块土地的记载。两块土地被认为是不等价的，但由于没有货币来弥补差额，只好用一袋手稿和文物来弥补。在没有某种充当价值标准的东西的条件下竟能达成这样的交易确实有些难以想象。

② 有人记得一个负责布道的老人，当被问到为什么一直没有结婚时，他说他从来没有见过一个值一头母牛的女人。

　　国家就是在这个时刻起作用的（正如我们所理解的和文献所证实的那样）。国家究竟是如何起作用的呢？铸币厂无疑通过规定品质和重量的标准提供了一种服务。但铸币厂承担这项业务的动机是什么呢？人们可以设想，有商业头脑的城邦把它作为一种（有利可图的）公共服务事业建立起来，它迟早是会发生的，但我们不容易看出货币制度能否这样开始。像所有迹象都表明的那样，为什么非商业性的政府如此乐意铸造货币呢？在我看来，对于起源还有另一种更具说服力的解释。

66　　人们可以从另一种更复杂的货币形式——汇票上得到提示。商人在使用汇票时要签上名字，这样就提供了担保，没有担保，汇票就不会被接受。吕底亚国王克罗索斯在铸造货币时①，不就是在做同样的事情吗？他为这些货币做了担保，这使它们更容易被接受了。② 这样

---

　　① 事实上，最早的金币和银币被认为是克罗索斯在约公元前550年创造的。由"金银合金"（金银混合，因此可能不那么合乎"标准"）制成的货币可以追溯到约100年前。（参见"The Origin of Coinage," *Cambridge Ancient History*，Vol. 4，Ch. 5。）

　　② 担保中显然有这样的意思，即政府本身可以在缴税时接受这种货币；支持这种货币的一个因素是能被发行它的政府所接受。克拉伊（C. M. Kraay）先生在《囤积、零钱和货币起源》（"Hoards, Small Change, and the Origin of Coinage," *Journal of Hellenic Studies*，1964）中强调了这一点并引起了我的注意，这里谨致谢意。正如他所指出的，这似乎是对考古学证据所指向的事实，即许多早期货币只在有限区域流通这一点的合理解释。尽管如此，由于货币一定首先是由政府发行的，既然没有理由认为那些接受货币的人会有与他们的收入相关的纳税义务，且货币的金属含量显然被认为是一个非常重要的问题，那么我不明白国家是否接受这一点竟然可以超过担保中的任何一个因素。流通的地方化难道不可以部分地解释为便于用一种公认的货币——后来发展为法币——原则来执行合同吗？

做对商人有利，因为他可以更容易地用它从邻近的商人那里获得自己所需要的或可能需要的商品。实际上最初坚持要有某种担保的可能就是那些商人。

　　然而人们可能会问："如果是这样的话，我们难道不可以认为商人和国王一样也能铸造他们的'货币'吗？"如果有些商人偶尔铸造货币，这不足为奇。[①] 但显然终究是国王的铸币更容易胜出，原因肯定是国王的铸币被更广泛地接受。商人的铸币在他名声所及的米利都斯可能被接受，但在吕底亚的内陆地区就不太受欢迎了。而国王的铸币无论是在他的王国还是在其他贸易城市都会被接受。67当然接下来，各贸易城市的政府就会竞相效仿了。

　　铸币非常耐用，有许多都被保存了下来，从而我们得以追溯铸币的扩散过程。那些吕底亚和爱奥尼亚的铸币实际上无疑就是最早的铸币，而货币就从那些中心迅速地扩散到整个希腊世界。这些最早的铸币相当大，它们必然是很贵重的——这使我们确信最初的金属货币必然主要是价值的贮藏手段；但人们从公元前5世纪开始铸造更小的货币，因此大家认为铸币更广泛地被当作一种支付手段；后来（约公元前400年）出现了铜币，这

---

　　① 确实有些证据证明他们铸造过货币。（*Cambridge Ancient History*，Vol. 4，p. 127.）

无疑是作为纯粹的支付手段的代币，它肯定按照超过其内在价值的价值流通。只有达到这一阶段，希腊的经济制度才能被认为是一个完全的货币经济。

与此同时，铸币正在向外扩散。克罗索斯王国被波斯人征服后，吕底亚的波斯总督继续铸造货币。大流士（公元前521—前486年）在改组波斯帝国时接管了它们的铸币。印度仿制了波斯的铸币，但在亚历山大（公元前325年）入侵印度期间和之后，印度受到了希腊的直接影响，铸币从而在印度迅速发展起来了。在其他方面也有相应的发展。甚至在公元前5世纪或更早，铸币就已经传播到了巴尔干半岛；从公元前3世纪初开始出现了罗马（和迦太基）的货币；中欧和西欧的凯尔特酋长几乎在同一时期开始铸造他们的货币。这些都是发源于希腊（或爱琴海）这块基地。这是一个漫长的传播过程。在欧洲和亚洲附近的大部分地区，无论后来经历了怎样的兴衰变迁，人们都没有放弃过对货币（后来主要是铸币的形式）的使用。商品交易衰退了，货币的使用（自然）随之衰退，但商业兴盛的地方总是会使用货币的。①

① 唯一的例外是中国（历史上）的货币制度。不可思议的是，它几乎是在同一时期发展起来的，但它的特征明显不同，完全独树一帜。很明显，它一开始并不是建立在贵金属基础上的，因此它很可能没有经历过以"价值贮藏"功能为主的阶段。中国货币直接过渡成了一种支付手段，因此中国人比西方人更容易接受纸币。中国人最早采用纸币不仅仅是因为他们最早发明了印刷术。[关于中国纸币的历史，参见 G. 塔洛克（G. Tulloch）1956年载于《经济史评论》（*Econ. Hist. Review*）上的文章。]

货币的应用是希腊城邦制度留下的最早的经济遗产，也是商品经济的"中间阶段"得以存在的主要原因。虽然国王的货币开始时是通过市场力量应用的，但由于这对国王有利，所以他一经使用就不会放弃了。国王从铸币中直接获利（当代币被接受时，铸币的利润就会变得更加可观），但产生的间接利益无疑更为重要。如果他能够获得货币收入（或能尽快设法获得货币收入），他就会通过交易渠道用货币进行消费，从而获得大批实际的商品，这些商品比他直接从实物税中可能获得的东西种类更多、用途更广。他就会开始依赖于交易，依赖于与政治上服从于他的人进行交易。总之他是不能放弃商品经济的。

第二项经济遗产（仍然是希腊城邦的）是在法律方面。

我已经解释过，人们认为非商业经济的法律制度总体上是由征服者带来的，这种制度并不适合商人的需要。如果商人被迫使用这种制度，它的发展就会受到阻碍，正如我们所看到的，在传统的中国（也许还有日本），它在很大程度上就受到了阻碍。那样的压迫可能也在欧洲出现过了。即使国王愿意利用商人，他也不理解商人的需求（他的法官和行政官员也不会理解）。商人将不得不按我之前所说的方式去调解自己的纠纷，因此他们会被

69

剥夺利用正规法律制度的权益，被限制在自己调解纠纷的范围内。

这种情况没有发生或总体来说没有发生。这一危险得以避免是因为发生了一种在我提出的思想框架内只能被视为侥幸的情况。继希腊之后出现了罗马。

古代地中海的各交易中心固然都被纳入了一个帝国的版图，但最终吞并它们并统治了几个世纪之久的并不是由军事专制君主建立的帝国。这是由一个城邦建立起来的帝国，（最初）它并不是一个商业城邦，但仍然是一个城邦。罗马共和国最初是一个计划-习俗经济，但罗马人很早就表现出了在解决计划和习俗之间的对立时的卓越才能。奇怪的是，他们是立宪主义者，而正因为他们是立宪主义者，所以他们的法律观念对重商主义关于财产和契约的概念来说并不陌生。他们是立法者，他们最终可以在他们创造的法律范围内为商法找到一席之地。

当然，起点是非常不同的。罗马法的起源（就可追溯到的而言）是关于在一个人数有限的统治阶级中确定各种权利，主要是个人和家庭彼此之间的权利的问题。[①]这个阶级的主要财产是地产，这种财产的所有者对其邻

---

① 我的这些（非常具有尝试性的）段落在很大程度上得益于克鲁克（J. R. Crook）先生的《罗马的法律与生活》（*Law and Life in Rome*，London 1967）。

居的权利，以及他亡故后权利如何转移，是第一回合需
要解决的有代表性的问题。只有随着罗马国家的扩张特 70
别是在一场非凡的革命（大约公元前 200 年）之后（罗
马在一段时间内已从意大利中部的一个共和国变成了地
中海世界的霸主），才有必要使这些法律概念具有更广泛
的含义。但在内部人（罗马公民）和外部人（异邦人）
之间仍有明显的界限。外部人（包括当时被统治的希腊
各城市的人民）被允许保留自己的法律以供各自之用，
但是他们的调解必须和罗马人的调解协调一致。一旦发
生冲突，征服者们很可能就会利用他们的优势力量；在
刚刚征服的一段时间内，发生的情况大多如此。但接下
来，罗马法律就胜利了。被征服的人逐渐获得了罗马的
公民资格，罗马人在内部规定的个人之间的权利甚至在
此之前就扩展成了与外部人打交道时也可用的权利。因
此，希腊人早已创立的商法①就有可能渗透到罗马法当
中。此时许多罗马人自己也成了商人，他们需要商法，
所以都乐意接受它。

　　这一法律的发展和我之前描述的货币发展之间有着
密切的联系。在罗马法的"古典"时期（可能是从奥古

---

　　① 希腊法相比于罗马法更不为人所知。不过哈里森（A. R. W. Harrison）先生
已在其著作《雅典法》（*The Law of Athens*，Oxford 1968）中按照雅典版对希腊私法
做出了修订。

斯都到塞维里的被称为鼎盛时期的那个时代，大约在公元后的最初两个世纪），最引人注目的事情之一是它对货币定价和货币支付的极端依赖：解决纠纷需要用货币支付，（在法律能够纠正的范围内）平反冤案也需要以货币赔偿。如果我们把这种货币渗透看作（我认为我们应该这样）一种商业化的形式，那么"古典"罗马法的商业化程度就已远远超出了严格意义上的商法的内容。

　　货币和法律（商法）实际上是"古代世界"的两大经济遗产。[①] 它们是留存至今的重大收获。尽管罗马帝国已经灭亡，而且（至少在西欧大部分地区）又退化到那种更粗糙的计划-习俗经济，但这些遗产依然在影响缩小的情况下残存着。货币经济虽然趋于萎缩，但并没有完全消失。罗马法典仍然存在，虽然被忽视但还可以看到。因此，当那些曾经属于罗马的国家（不是全部，但有很多）过渡到一个新的城邦阶段，即我迄今为止一直用作先例的中世纪共和国时期的时候，它们会因具有这些有利条件而不必让过去的经历重演。有一部分需要的工作是不必再做了的。它们在一开始就使用货币从而无

---

　　① 当然，我没有把工艺上的遗产包括在内，因为在本书中我始终使用的是狭义上的经济。

须另寻出路。当需要商法时，它们也用不着另起炉灶。
罗马法仍然可用，因为被牢记的帝国的声望是它的后盾。
还有许多工作要做，但它们不必从头开始。

因此，当它们进入中间阶段，沦落到列强（还不是
民族国家，而是我们民族国家的原型）的统治之下时，
它们不仅带来了货币制度，还带来了法律制度，这两样
都是它们从前辈那里继承来的，而每一样又在它们手中
有了进一步的发展。它们拥有从罗马法发展而来的商法，
现在的"商法"与罗马时代相比要更加清晰，但它还是
被称作罗马法。罗马法的历史赋予了它权威性。它还有
许多兴衰变迁要去面对，还必须学会与各种新的立宪政
体共存，例如英国法就是通过一种给予和索取的方式从
封建制度中提炼出来的，而这种方法是英国民族精神中
最令人困惑的表现之一。① 它甚至在某种程度上成功地
渗进了英国法②，在西欧的其他大部分地区，罗马商法 *72*
仍然是至高无上的准则。

对于那一部分的情况我只能略加提及，仅限于说明
它的适用范围。我们必须更密切地关注其他方面的发展。
例如文艺复兴时期发生的事情就远比货币应用的增长要

---

① 关于这一令人困惑的更经典的例子，参见下文第 75 页。
② 将欧洲大陆的商法纳入英国法被认为始于伟大的曼斯菲尔德（Mansfield，
1756—1788 年首席法官）勋爵。

丰富。货币正在改变它的性质，开始与信用和金融结合起来。文艺复兴是金融发展的一个关键时期，但由于文艺复兴时期的金融家们正面临着其希腊和罗马前辈所没有遇到或很少遇到过的阻碍，上述情况更加值得注意。

尽管亚里士多德发表过货币不应生利的著名言论，希腊人和罗马人仍然毫不在意地收取利息。但对基督教徒来说，收取利息就是放高利贷，而高利贷无异于犯罪。[①] 我们不必关心高利贷学说在神学上的起源，因为它只是一种用世俗语言完全可以理解的观点的反映，这只是我们经常遇到的商人和非商人两种观点之间的冲突的另一个例子。非商人的观点已经在教会的正式教义中得到了明确的体现，这是完全可以理解的。

对商人来说，任何时代的金融交易都是贸易交易的自然延伸，他发现自己几乎是不知不觉地从一种交易过

---

① 伊斯兰教对高利贷的官方态度与基督教的官方态度并无显著差异，但它未必把高利贷追溯到先知本人。《古兰经》（Koran）中确有一些段落是针对"利巴"的，一般认为它意为"利息"。但"利巴"和"布施"（一种对慈善宗教创始人来说必然始终具有特殊意义的德行）之间有所不同。因此，把它理解为直接针对一种更普遍的获得物更合适，就像基督教福音中所说的"施舍比接受更有福"。

［拉赫曼（Fazlur Rahman）在《利巴和利息》（Ribā and Interest）这篇有趣的论文中对这一"不拘泥于字面"的解释进行了辩护，该论文发表于伊斯兰教中央研究院的期刊《伊斯兰教研究》（Islamic Studies，Karachi，March 1964），感谢斯特恩博士为我提供了这一参考文献。］

先知在经济问题上的一些观点（这是一个曾经做过商人的人应有的）使他无愧于成为蒙特佩林协会的成员。当在饥荒时被要求为粮食确定一个最高价格时，他回答说："只有上帝才能定价"（D. G. Margoliouth, Life of Mahammed, New York 1905, p. 465）。

渡到了另一种。即使在货币被发明出来之前，商品所有者也常常会把自己的商品委托给另一个人，由后者代表所有者进行交易。要记住的是，如果没有引入这种"代理"业务①，我们就无法完成对早期交易的描述。在发明了货币之后，用货币贷款代替这种实物委托往往会更加方便。

对于非商人（包括半商业化国家的法官和行政官员）来说，不这样做是有理由的。确实，当签订一份贷款合同时，它就像其他任何交易一样，例如简单的交换。除非每一方都认为他可以从签订贷款合同中获得利益，否则就不会或不会自愿地签订合同了。（这种利益是相对于没有这种贷款时他所处的地位而言的。）但是在得到贷款之后和偿还贷款之前，剩下唯一要做的就是债务人单方面的支付。这就是引起争论的点所在，在这个问题上债务人可能会觉得自己是吃亏的一方。他成了"债务奴隶"，被迫向一个无权从他身上榨取税金的人缴纳税金。因此，如果可能的话，他就会寻求法庭的保护。

比起偿还本金，更令他痛苦的是要支付利息（我们也可以理解）。但很容易看出，如果对还本有任何疑问，就一定会有利息。因为作为一宗商业交易，没有人会自

---

① 参见上文第41页。

愿放弃货币，以换取任何小于百分之百的还本可能性的东西。（当然，对违约风险的赔偿不是要求付息的唯一理由，但它在当前情况下是重要的理由。）违约风险越大，（在其他条件相同的情况下）要付的利率就越高。因此，如果法庭严格执行贷款合同，那么贷款的风险会更小，要付的利率也会更低，但如果法庭执行不力，通常倾向于袒护债务人，则会产生相反的结果。如果法庭既要在还债上袒护债务人，又对利息抱有敌意，那么他们就会完全取缔借贷，除非借贷是在法律之外暗中进行的。许多世纪以来，法庭很大程度上确实是这么做的，而哲学家和神学家则在为他们的行为寻找借口多方申辩。

不过对此有一种相当简单的常识性解释。假设法庭确实采取了强硬立场，并坚持债务人必须偿还债务，试问要怎样让债务人偿还呢？如果他有财产，你可以没收他的财产，但如果他一无所有，或拥有的财产不够，或者所有的财产现在无法取得，那么还有什么制裁措施呢？在希腊和罗马时代还有一种制裁措施——债务人可以被卖为奴隶。这种制裁在实践中显然被非常普遍地使用，它的可行性很可能是那个时代没有像中世纪一样禁止利息的主要原因。如果这条路被堵死了[1]，就没有简单的

---

① 关于奴隶制的深入讨论，参见下文第124～130页。

解决方案了。将负债者关押起来（虽然这种做法被普遍运用）是一种很糟糕的解决方案，因为应该由谁来负担囚犯在被囚禁期间的生活费呢？凭什么要由国家来负担？债权人又凭什么来负担？这对要回他的钱并没有帮助。很容易理解的是，即使在监禁债务人的制裁措施很通行的时候，法庭也不愿意采用它，除非把它作为最后的手段。法庭会说，不介入才是上策。

不过还有一种贷款人或潜在贷款人可以采取的方案尚未被考虑：他可以要求为他的贷款提供担保。

有两种担保（是法律上的，但我认为也是经济上的）必须加以区分。第一种担保是质押或典当。债务人将一件比所欠债务价值更高的物品存放在债权人处，双方协议，一旦债务偿清就物归原主。如果债务人没有偿还债务，他将失去抵押品。① 这对债权人来说是非常好的担保，因为如果借款一直没有偿还，他实际上会获得利益。而且如果对还款有任何争议，将由债务人承担法律诉讼费用。与以往的案例相比，在这一类诉讼中当事双方更加平等，法院也更易于采取强硬立场。

不过按这些条件提供贷款的市场可能很狭窄，因为

① 严格地说，债权人通常会被要求出售抵押物，并从售价中补偿其损失。但在此之前可能会延长贷款，以使最终的欠款与该物品的价值一样多。

只有那些有抵押物的借款人才能通过这种方式借款。由于作为担保的物品逐渐趋于多样化，如果采用其他借贷形式，市场是可以扩大的。

这就是抵押权（正如罗马法所称的），英国法将其误称[①]为抵押契据。这里作为贷款担保的物品并不会转移到债权人手中，而是留在债务人手中，债务人可以继续使用它，但在债务偿清之前不能将它卖掉。如果拖欠债务，债权人也可以从中获益，但他的地位较不利，因为现在如果有任何争论——而这很可能发生——就得由他去诉诸法律以获得所有权。在这种诉讼里，法庭可不像在抵押诉讼里那么容易采取强硬措施，但总的来说这比无担保贷款的案例要容易得多。因此，即使法庭对以其他条件放贷的态度并不令人鼓舞，但它对取消抵押品赎回权也往往是严格的。如果取消抵押品赎回权的法律难以执行，债务人违约仍然是一种可怕的风险；但如果容易执行，那么违约实际上还可能对债权人有利。可以认为土地抵押贷款是金融家们借以取得地产的一种相当容易的手段。由于他们热衷于发放这种抵押贷款，所以他

---

① 抵押契据（一种不流动的抵押品）最初是另一种抵押品的名称。它向现在意义的转变是英国法律混乱的一个特征。辛普森（A. W. B. Simpson）在《土地法历史导论》（*Introduction to the History of Land Law*，Oxford 1961，pp. 225-9）中对这一历程进行了简单的概括。

们要求的贷款利率可能就会很低。

我想可以这么说，以上任一种抵押贷款长期以来一直是商人向非商人提供贷款的正常形式，直到今天它仍然是一种常见的形式。从法律的立场来看，这是相对无可非议的，因此，即使在认为对按息放贷的禁令有效的时代，像这样的贷款也能维持。（把合同写成一种利息并不显眼的形式并不需要太多的心思。）这种情况与无担保贷款有很大的不同，无担保贷款对贷款人来说是一种高风险的活动，因此它往往带来高利率，从而被称为高利贷。这对立法者和法官来说是一种折磨，因为它是以自由达成的自由合同的形式表现出来的，然而没有压力是执行不了的。为什么不通过执行一种而不执行另一种的办法来解决这个问题呢？（它一定是经常发生的。）

不幸的是，这是行不通的。因为还有另一种无担保贷款，这种贷款方式对商业团体是必不可少的。它不是高利贷，但在法律上很难与高利贷区分开来。这是一种流行于商业社会中，以借款人的信用即还债的信誉为基础的贷款方式。如果信用足够好，就没有必要进行抵押或担保。在信用良好的借款人的市场上，利率可能很低——也许是整个"行业"中最低的。如果这种利率最低，那么高利贷的利率就最高，因此，通过规定一个得到法律承认的最高利率来区分它们是值得一试的。这是放宽对利息的禁令时常用的方法。尽管如此，它仍是一种粗糙的手段，因为各种风险不是决定利息的唯一因素，还有别的因素。如果利率有一个较低的法定上限——比如传统的 5%，那么就连借款人信用良好的市场也无法顺利运转。

对于商品经济的发展来说，"内部"市场——借款人信用（或多或少）可以信赖的市场——尤为重要。在中世纪扩张开始的时候，法庭无意给市场太多的帮助。所以市场只能发掘自身的潜力，它必须自找出路来承担金融风险，而不是过多地依赖法律决定。

最终发现有许多办法是行之有效的，它们是现代各种不同的金融制度的基础。当然，法律制度也及时随着它们发展了起来并与之互为补充，所以现在金融制度是通过法律形式来运作的，且它们本身就包含在法律规定的各种制度内。现在金融制度就像货币本身一样，在某种意义上已经成为国家制度的一部分，但是就像货币一样，它们并不是以那种方式开始的。它们最初是作为法外的有自治权的市场发展起来的。我们甚至可以说它们是法律的替代品。

整个金融发展的基本需要是扩大信用良好的借款人的圈子。任何一个成功的商人都可能拥有另一些商人，他根据长期交易的经验了解他们的经营状况，并因此愿意借给他们一笔他承担得起的金额，也就是给他们提供"信贷"。但这还不够，在一个活跃的商品经济中，对信贷的需求远远超出了这种狭隘的范围。如何利用间接了解来拓展直接了解呢？主要有两种方法。

第一种是担保。如果原放款人信任的人为那些原放款人很少直接接触的人（受到原放款人信任的人与他们交往密切）作保，那么这个圈子就可以扩大。这种方法的一个成功的例子是承兑汇票。实际上，承兑人是在出售他的"信任"，如果能找到一个他愿意卖而对方愿意买的价格，那么市场就扩大了。应当注意到，这是一种很容易逐渐发展起来的方法：它不涉及必要的专业化，也不会因限制利息而引起特别的麻烦。因此，它自然成为金融发展最初采用的方法。

更有效的方法是发展金融中介（或中间人）。在这里，贷款被发放给中间人（原放款人信任的人之一），以便他再贷给那些他所信任的人。当一家企业已经在专门从事这种金融中介业务时，从广义上讲它就已经是一个银行了。但银行依赖于利息、相当直截了当的利息，而担保的方法却不采取这种方式。银行是通过低利率借款（或提供相当于低利率的服务）来获得利润的。因此，作为一种正式的活动，银行业的出现表明对利息的禁令至

79　少在一些适当的方面已经被打破。应该强调的是，这种情况在基督教改革运动①很久之前就开始出现了，就"新教的道德"而言，是实践创造了道德，而不是相反。

　　事实上如果不算分散风险的可能性的话，这些方法哪一个也没有成为保险业基础的所谓"大数定律"那样有效。我们知道中世纪的意大利人对保险合同已经有所了解，在 14 世纪可能就已经出现了海上保险，即针对货物在运输途中损失的保险。② 承担一宗这类保险——遭受重大损失的可能性很小，但一旦损失价值就很大，而在其他事件中只能获得中等的收益来弥补这笔损失——将是极其危险的。但人们一定很快会发现，如果把这样的一些风险结合在一起，并且它们确实是互不相关的，

---

　　① 佛罗伦萨银行业的形成时期似乎是 14 世纪六七十年代，即我们在别的地方常说的但丁时代。发现中世纪鼎盛时期的这些发展并不令人惊讶，这些早期的银行非常不健全，它们过于急切地接受存款，还没有意识到只有某些条件下将这些存款用于牟利才是谨慎的，这也不足为奇。1342 年著名的巴尔迪和佩鲁齐的"倒闭"只是一系列倒闭的高潮。后来佛罗伦萨的银行家如美第奇则更加谨慎，因此他们维持了更久。甚至还有一家意大利银行——西埃那的蒙特帕斯基银行至今犹存，它的门楣上赫然写着"建于 1472 年"的铭文。

　　然而值得注意的是，早期银行家陷入困境的原因并不是高利贷法。借钱取息是有罪的（一个人在临终前承认的那种罪行），但这是一种很普遍的罪行。如果把利息因素隐藏起来倒比较好，正如罗维尔（de Roover）教授所指出的，贷款与汇兑业务的结合是最常见的利息隐藏方式。但我们不能认为商人自己或者那些与商业交易有关的律师会被这种手段所欺骗。他们正变得非常宽容。有证据表明，在 14 世纪的佛罗伦萨，这种人只把超过 20% 的利率看作高利贷；而 15%～20% 的利率则被说成"灰色地带"（A. Sapori, "L'interesse del denaro," *Studi di storia economica medievale*, Florence 1947, p. 111）。

　　② 对保险业的发展贡献最大的是热那亚人（Yves Renouard, *Les hommes d'affaires italiens du moyen âge*, Paris 1949, pp. 103 - 8）。

那么风险就会大大降低。如果没有意识到这一点，保险业就不可能像我们所了解的那样发展起来。我们不知道究竟是在什么时候人们意识到可以把同样的原则运用于银行业。即使个别贷款不安全，只要这笔贷款是一组贷款中的一部分，并且其中可以确定的不良贷款比例不会上升过高，那么贷款总体上可以说是安全的（或相当安全的）。文艺复兴时期的银行家们可能还无法充分运用这一原则，但（至少从 17 世纪开始）它是他们的后继者经常依据的原则。尽管它在银行业中经常被滥用，但它仍然是拓宽市场的主要途径——也许是最终的主要途径。由此开始一直发展到 20 世纪的消费者信贷和分期付款，从上述发展过程中，甚至"普通人"也能看出什么东西似乎是价值最高的信用。

在后期这些阶段，不仅是银行家有能力扩展。只要有债券（贷款）市场，即使是小产权人（"投资者"或"资本家"）也可以东一点西一点地投资，通过分散投资组合来降低风险。正因为投资者能够被吸引，如果他们 *80* 能够以这种方式投资，那么通过发行债券来借款并建立他们可以从事交易的市场（股票交易市场）就变得合算了。①

---

① 早在 1630 年，阿姆斯特丹的交易所就有了债券交易（C. Wilson，*Anglo-Dutch Commerce and Finance*，pp. 13 - 14）。甚至到 1688 年时伦敦仍尚未挑战阿姆斯特丹的国际霸权（P. Dickson，*Financial Revolution in England*，p. 486）。

然而即使这也还不是全部。

有限责任公司的发明是这一系列发明中最突出的。企业通过有限责任公司筹集资金，并承诺向投资者分享利润。这在开始时是进一步扩大资本市场的一种手段。人们发现当难以或不可能以固定利息进一步借款时，有时可以按照这种方式筹集资金。合伙关系以及对合伙关系进行法律调节至少可以追溯到罗马人，但合伙人通常要对他所参与的企业的所有债务负责，因此他作为合伙人参与一个与他的资产规模不符的企业未免有些轻率。如果他以合伙人的身份投资多个企业，他将无法分散风险，最终将面临严重的危险。如果他的责任是有限的，那么当他在某一企业的失败中遭受的损失不会超过他对该企业的投资时，分散投资就会对他有利，即使他是按"公平"条件进行投资的。这就是有限责任公司扩大市场的方式。

这种没有法律制裁就不能运转（必须注意）的布局的影响非常深远。随着讨论的深入，我们还将在后面遇到它们。① 它们已经靠近这种终结了商业发展的中间阶段并把商业发展引入其现代阶段的转变的核心了。

---

① 参见下文第 98、162 页。

Ⅵ. 君主的财源

在本章中，我将回过头谈谈另一方面的市场对其以
前的非商业环境的渗透，也就是我所概述的货币和金融
的发展对国家自身的影响。

如果有一件关于君主的事情［我们所说的主要是史
书上记载的（商品经济的）中间阶段里的那些正式的君
主和帝王］——如果我们能从史书上了解到关于这些君
主的一件普遍的事情的话，那就是他们往往手头拮据。
当然，他们是在使用货币后才开始缺少货币的；但似乎
从那时起这的确成了他们的普遍境况。由于缺少货币，
他们被置于最绝望的困境之中，这使得他们野蛮地没收
了犹太人和圣殿骑士的财富，导致了英国的内战和法国
的革命；而在世界的另一端，有证据表明，中国王朝的

更替至少部分是由于相同的原因。① 但正如我们所看到的，在这整个时期内国家一直致力于货币供给，但结果都于事无补。原因是什么呢？

在我看来，一个根本原因是税收长期不足，这是（商品经济的）中间阶段的显著特征之一。现在有足够的交易来增加经济的总体财富，远高于其农业基础的水平；而君主的开支，那些由他预计会做的事决定的开支，也可能同时增长。或者我们更应该说，如果他能得到供他花费的钱，那么他的开支也会同时增长。但他在这里遇到了困难。即使君主将旧时向农民或农奴征收的土地税（前商业制度时期的主要收入来源）扩展为向所有人征收的人头税，也不能从现在那些有更大支付能力的人的财富中抽取一些。如何对他们——商人阶层——的财富征税呢？

对商人财富征税的一个显而易见的方法是实行简单的贸易税、关税等。当然，这些方法从（商品经济的）中间阶段初期就被采用了（而且被城邦普遍采用），然而它们也有局限性。我不过多地讨论这些方法众所周知的经济缺陷，即对贸易征税会阻碍贸易的发展；固然有些贸易会受到阻碍，以至政府蒙受完全的损失而毫无所得，

---

① Reischauer and Fairbank, op. cit., pp. 117 - 8.

但还有些贸易会继续下去并缴纳税款。在历史上更重要的是，只有当大量交易通过且必须通过少数几个指定的纳税点时，基于贸易的税种才能被低廉且有效地征收。这种征税的机会取决于地理位置。英国君主们所处的位置特别优越，因为有大量的贸易（相对于整个国家的财富来说量也很大）从少数几个港口通过。这种优势无疑与英国长期以来相对高效的行政机构有很大关系。[1] 再比较一下罗马帝国的情况。我们现在知道[2]，罗马帝国的对外贸易比通常认为的要多。但它要越过广阔而往往并不明确的边界，因此与总资源相比，它充其量也只是很小的一部分。[3] 如果一定要对国内贸易征税的话，那么就必须在人为的边界上征税，然而那里是很难维持治安的；且受边界阻止的贸易对整个国家来说是巨大的损失。欧洲大陆的许多国家直到最近都一直处于这种境地。

那么直接征税如何呢？有效的所得税确实是一个解决办法，但直到相当晚的时候（即使现在也不是到处都有）才具备了有效征收所得税的条件。只有有了一种

83

---

[1]　至少从爱德华一世统治时期开始算起。

[2]　Mortimer Wheeler，*Rome Beyond the Imperial Frontiers*（London 1955）.

[3]　8—11 世纪拜占庭的复兴就是以通过博斯普鲁斯海峡的一条贸易路线为基础的。在那里可以轻易地征税。

（公认的）查明收入的方法才能征收所得税，但收入是一个相当复杂的经济概念。[①] 在商业取得长足发展的时候，商人们没有任何理由（即使是为他自身的目的）去确定他收入的内容。当然，他必须计算在某项投资中——例如一次长途贩运——得到的利润，但他没有理由把利润归入某一个年度，而如果要缴纳所得税的话，他就必须这样做。只有通过习俗的积累（经济学家们认为其中一些习俗是很奇特的）才能形成一种大家可接受的对此类利润征税的方法。因此在收入容易估算的富人大批出现之前，所得税不大可能顺利地实行：这些富人包括靠合同地租生活的地主、以合同薪资为生的官员等等。就早期所得税来说，这些人都是主要的所得税纳税人，大量交易的利润（就像法国近前的情况一样）仍然逃避了纳税。

对所得税的征收产生显著影响的因素之一是有限责任公司制度的出现。如果股东的责任有限，就必须采取措施保护债权人（否则公司将无法借到款），其中一项保护就是公司有义务不从资本中支付红利。这使得公司有

---

① 关于收入概念，作者写过一本大部头的经济学著作（*Value and Capital*，Oxford 1946，Ch. 14）。被征税的"收入"（定义时有变化）与理论观念只有一种很粗略的关系。

必要相当明确地决定其可分配的利润是什么。^① 一旦确
定下来（最初是为了某个别的目的），它们就成了应税的
部分。被分配的就是应纳税的，可分配利润的剩余部分　84
就是未分配的（从而不纳税的）。但是直到 19 世纪中期
税制才普遍达到这个阶段，我说过，我认为这是（商品
经济的）中间阶段让位于某种不同情况的一个主要标志。

在没有所得税的情况下，有必要依靠财产税，将财
产作为财富的指标。事实上至少从罗马时代开始人们就
经常这么做了。现代经济学家倾向于认为财产税（或资
本税）优于所得税，诚然理想的资本税确实有一些理论
上的优势，但（我一直认为）实际存在的财产税与那种
理想情况相距甚远。因为要推行有效的财产税，就必须
对财产进行估价，这是一项十分困难的工作。（例如，财
产的价值并不遵循算术规律，财产 A 和 B 分开出售的价
值之和不一定等于它们一起出售时的价值。）因此只有那
些以更容易估价的形式持有的财产才会被征税，而以更
难以捉摸的形式持有的财产则可以逃税。此外，由于估

---

① 只要税率保持在低水平，公司低报利润通常不符合公司本身的利益，因为公
司是通过展示自己有盈利能力（无论利润是否分配）来提高自己的信用的。按现代税
率计算（即使是 50％的税率都有许多国家可以接受），情况确实有所不同。与收税人
合作不再符合公司本身的利益，因此，如果行政人员和会计师想要防止被撤职，他们
就会背上沉重的负担。但也不能因此得出这样的结论：利润税只有在低水平引入且逐
步提高的情况下才能有效征收，但有大量证据指向这种倾向。

值困难且耗费又多，因此不宜反复进行，从而纳税人通常会根据其财产在以前某一时期的价值而不是当下的价值来缴纳税款。① 这不仅仅意味着通货膨胀会"侵蚀"税基，各种变动和偶然性影响也会"侵蚀"税基从而使其下降。这些偶然性变动会使某些财产的价值提高（这样就有一些该纳税的财产逃掉了），而另一些财产的价值下降（这样纳税人就无力缴纳应交的税费，而征税者只能放过他）。征税史上有很多因征收不到而变成坏账的财产税的例子。

（商品经济）中间阶段的政府一般在许多年内也难以增加它们所需的收入，这是出于几个纯粹的税收方面的原因。"税基"很窄，征收效率低且不公正（正因为它低效，才让税负落到那些纳税义务容易确定的人身上而使另一些人得以逃脱）。制度的不公正是使税收缺乏弹性的原因之一。只要税收保持不变，这种不公正也许还可以承受，但只要发生变化，不公正就会显露出来。要记得税收制度可以追溯到前市场经济，它是以统治者在那种经济中的权利（习惯的权利）为基础建立的。如果统治者试图通过提高税率或征收新税来榨取更多的收入，他

①　爱尔兰共和国的征税估价体系就是这种保留到现代的滞后情况的一个特例。为什么科克镇竟然有每镑超过 90 先令的地方税率呢？因为这一税率是根据 1850 年的估价制定的。

就是在滥用自己的权力。在大众眼中他将不再是一个合法的君主而是"暴君"，从而将陷入激起一个"瓦特·泰勒"（Wat Tyler）或"约翰·汉普登"（John Hampton）或"波士顿茶党"（Boston Tea Party）的危险。*

但问题不仅在于支出有增长的长期趋势，还在于这种增长并不是稳步上升而是断断续续的。难免会有紧急情况出现，其中战争是最严重的，但并不是唯一的。君主该如何处理他的"非正常"开支呢？

我们现在会说，借款是一种合理的方法。但他怎么去借呢？（为了应对紧急情况的）借款意味着偿还；但他该如何偿还呢？当紧急情况结束时，他仍然处于税收刚刚够满足他正常需要的境地，因此仍需要筹集用来还债的资金。放款人以及潜在的放款人对此是一清二楚的。因此，向国家提供的无担保贷款与向无信用的私人提供的无担保贷款同样都属于有风险的贷款行为，没有人自愿为之，除非利率极高才有可能。

86

---

* 瓦特·泰勒：1381 年英国农民大起义的杰出领袖，农民起义的原因是 5 月在埃塞克斯杀了征收人头税的税使。

约翰·汉普登：英国革命时期议会派领袖，因拒绝支付 1626 年查理一世强征的借款而于次年被监禁，因在船费问题上反对国王查理一世而出名，是最终导致英国内战的争议中的一段插曲。

波士顿茶党：于 1773 年 12 月 16 日领导了波士顿倾茶事件这一政治示威事件。示威者们乔装成印第安人潜入商船，将英国东印度公司运来的一整船茶叶倾入波士顿湾，以反抗英国国会于 1773 年颁布的《茶税法》。——译者注处于（商品经济）中间阶段的国家通常是不守信用的。税收没有弹性使国家在债务到期时难以偿还，这只是税收缺乏弹性的后果之一。但到了那个时候，将他们的违约行为合理化就太容易了。这些人说自己已经把钱借出去了，但他们为什么不把它作为税金支付呢？他们通过放贷来表明自己有钱，因此国王和他的仆人们很容易在时机成熟时说服自己，这是应该直接捐出的钱。契约是有的，但如果皇室债务人顽强抵抗，又该如何强制执行契约呢？利用君主自己的法庭来执行不利于他的索赔是有困难的，而且多半是不可能的。因此一般来说，借钱给国家比借钱给私人风险更大。

然而正如我们所看到的，摆脱这种困境（就像借钱给私人这种类似情况）的办法还是有的。如果无担保的借款很困难，或者成本极高，那么有担保的借款如何呢？这里（特别是在这里）重要的是区分这两种借款。[①]（"抵押品"保留在债务人手中的）抵押借款在这种情况下对出借人来说并不十分令人高兴，因为如果债务人违约，就仍需诉诸法庭来执行索赔，而这明显并不会比无担保贷款更容易。这与另一种由债权人持有"抵押品"的情况有所不同，这时债权人处于更有利的地位。（当债

---

① 参见上文第74~76页。

务发生违约时,)债权人仍有可能向当铺求助。我们发现(商品经济)中间阶段的政府还不时需要求助于(最广义上的)当铺。

我并不只是考虑(君主)典当皇冠上的珠宝的情况(虽然那曾经也发生过)。典当实际上是一宗资产的移交,在贷款偿还时这宗资产就归还原主,但在这期间它被保留在放款人手中。(在贷款给国家的情况下,他不能确保移交的东西不会被国家用武力收回,但与其他形式的贷款相比,他面临的风险毕竟要小一些。)被典当的资产也许是地产——皇室的产业,但也可能(也许更常见)是不那么明确的形式。被典当的可能是征收某些税款的权力(税款包收在很大程度上是作为皇室借贷的一种形式开始的);也可能采取任命某些官职的权力的形式。如果赎回的希望渺茫,典当一宗资产与直接出售之间确实没有太大区别。因此,以包税为抵押进行借款就会逐渐演变成出售包税,进而演变成出售对将来课税的豁免。这些方法都曾经被使用过,但结果并不好,有许多实例表明,它们的应用带来了灾难。

长期不断地采用出售税收豁免权的方法会导致这样一种情况:穷人仍在纳税而富人(过去购买了免税的人)则大都免税,这种情况已经成为与法国,或许还有俄国君主制度的倒台有关的财政腐败的一种常见特征。割让

国有财产和征税权力明显削弱了政府。我们可以从查理
曼帝国及其后继的德意志神圣罗马帝国的覆灭中找出它
们的影响。英国在斯图亚特王朝初期也出现过同样的情
况。[①] 如果它能部分地解释原来的罗马帝国本身的衰落
和覆灭这一历史上最大的谜团，也不足为奇。[②]

88　　　　然而人们可能会问："为什么君主们在还有未曾考虑
过的其他办法的时候，非要求助于这种孤注一掷的方法
呢?"我们已经看到，这段时间里的货币都是君主的货
币，他为什么不通过操纵货币供给来摆脱困境呢? 答案

---

① 普雷斯特威彻 (Prestwich) 女士在《克兰菲尔德》(*Cranfield*，Oxford 1966) 中，特别是第一和第八章里，提供了许多生动的细节。

② （不足为奇，）罗马帝国的财政史是其最隐秘的方面之一。我们知道应该征收什么税，但既不清楚它们的收益是多少，也不知道"非常"支出是如何弥补的。不过我们所了解的似乎还符合理论模式而无明显的曲解。

奥古斯都的政府显然是富人政府，其充足的资金部分来自没收产业的"租金"，部分来自一个相对高效的税收制度，当它发展到幅员如此辽阔、人口如此庞大的地步时，也就背上了重负，虽然还不至于不能忍受。不过在中间阶段的条件下（在这里适用）可以预料，这种制度即使它开始时很好，最终也会逐渐变坏。罗马的衰落是缓慢的。在帝国的头两个世纪里大规模战争（外部或内部）尚不多见，因此对财政的侵蚀还不严重。尽管缓慢，但它毕竟还是在起作用；到了一定程度之后（似乎在马库斯·奥里略统治时达到了这一程度），侵蚀就会加快。当时（公元 3 世纪）发生的主要不是蛮族的入侵而是罗马政府的解体。

但在这种动荡中覆灭的是政府而不是（或不一定是）政府所统治的社会。这种紧急情况类似于（如我们所见）能使前商品经济转向计划经济的那种时刻；这就是似乎曾在罗马发生过的情况。在戴克里特和君士坦丁的新帝国的机构中人们发现的"封建主义"则是一种自然的反作用。通过没收和其他勒索重新设立了税务署；但它刚刚建立起来就又被侵蚀了。而这一次（新帝国已没有旧帝国的好运）的侵蚀速度更快了。

确实可以这样说，这是把罗马史当作中国史来读了：把罗马的覆灭完全与（几乎是同时代的）汉朝的覆灭等同起来。然而，这的确说明了两者之间存在相似之处。不过差异也确实存在，而且可能比相似之处更重要。中国典型的官僚制度在每次解体后都能自行恢复并回到旧的道路上。当欧洲从黑暗年代复兴时也重演了这出旧戏，但是以一种截然不同的方式上演的（正如我们已经看到的）。

当然是他的确常常想这样做；即使在金属货币时代也不乏通货膨胀（通过金属货币贬值或其他途径）。固然不能把所有金银货币单位的长期贬值完全归因于诸侯的贫穷，但相当大的一部分显然是由上述原因所致。通过比较不同时期的货币币值可以发现，货币币值在几个世纪以来有显著下降的趋势；但在当时那个时代，货币的币值仍比我们当下要稳定得多。这不仅关系到广泛应用于国际和远距离贸易的"重要货币"（great currencies）的稳定 *89* 性——这一系列辉煌的"重要货币"从君士坦丁的苏勒德斯开始，继之以拜占庭的诺米斯马、阿拉伯的第纳尔和迪拉姆、佛罗伦萨的弗罗林、威尼斯的达克特，再到荷兰的基尔德和（英国的）英镑——这些货币几个世纪以来（有时一连好几个世纪）一直保持着它们的价值。①这也关系到地方货币，虽然地方货币由于没有这种广泛的流通而多被贫穷的政府所支配，这些地方货币往往更常贬值，不过（即便如此）也没有我们根据近代经验所预期的那样频繁。②

我认为其原因如下。（在金银铸币时代）货币的发行决定于铸币厂的金属供给。一个可能的供给来源是君主

---

① 美元就不用这种时间标尺来计算。

② 关于意大利文艺复兴时期各城邦采用的"轻币"的普遍贬值（这时"重要货币"仍保持稳定），西波拉教授（Cipolla）在《地中海地区的货币、价格和文明》（*Money，Prices，and Civilization in the Mediterranean Area*，New York 1956）中做过分析。

自己的收入。君主（这时）已经把他收入的主要部分变
成了货币形式，他可以在获得收入后立即将其重铸，然
后就有机会把它重新铸成（成色较低的）劣质货币，使
其广泛流通。这种情况总是有可能的，而且有时肯定发
生过；但在发生紧急情况迫切需要额外资金时，这就一
点也不方便了。要使金属顺利通过铸币厂并非易事，货
币很容易在人们急需用钱时被截留下来等着被重铸。①
因此，尽管这一来源是使货币贬值的一种可能途径，但
它实际上不像人们最初设想的那样重要。

金属的主要来源（在正常时期，以及出于上述原因
甚至在非常时期）是贸易。持有一堆破旧铸币或天然金
属的商人会把它们拿到铸币厂去兑换成更为大家接受的
式样。这种铸造属于政府的贸易活动，铸币厂只是完成
一项服务，并为此收取费用（铸币税）。金属供给是自愿
的，商人不必把金属送到铸币厂去，除非在当时的情况
下他们认为这样做是合适的。

正是在这种关系中我们能够理解"重要货币"和地
方货币之间的区别。如果试图通过使"重要货币"贬值
来获得额外的资金，那么铸币厂的金属供给就会有枯竭
的危险。人们需要的货币必须能够在比拥有铸币厂的国

---

① 这一论点应归功于古尔德（J. D. Gould）教授关于亨利八世时期英国通货膨
胀的著作《大贬值》（*The Great Debasement*，Oxford 1969）。

家的控制范围更广的区域内为人们所接受；它必须能为在货币操纵方面具有敏锐眼光的专业商人所接受[①]；因此，如果试图用劣币欺骗他们，金属供应商马上就会走开。国家当然会极力阻止他们转向另一个不在国家管辖范围内的铸币厂，众所周知，国家制定了种种关于货币和金块出口的规定。但大家都知道，要让这些规定生效是很难的，即使在今天，它们也不是十分有效。

其流通局限于政府控制的区域的地方货币则是另一回事。将它规定为法币可以使它为人们所接受。这不仅意味着转化为地方货币的金属的供给不会因成色降低而中断，甚至还可能通过让供应商分享利润来鼓励他们。[②]政府向供应商提供的价格（以地方货币计算）可以提高。虽然政府所得的收益（每单位白银）会减少，但总收益将是增加的（而且可能会大幅增加），因为用于重铸货币的金属量扩大了。显然，这就是经常操纵地方货币供给以便（特别是在紧急情况下）为收入提供辅助来源的机制。

但这当然（即使以地方货币来说）绝不是事情的终结。如果由于这种成色降低而促进货币被大量使用，物

91

---

① 这种敏感性的一个典型事例是布雷斯西亚的亚当的故事，他是著名的《地狱篇》（*Inferno*）的角色。他用的铸币重量十足，但成色只有 21k 而非正规的 24k。不过他还是被发现了，并被活活烧死（Toynbee, *Dante Dictionary*, art. Adamo, Maestro）。

② 值得注意的是，只要金属供给因任何原因变得稀缺，这种降低成色的动机就会起作用。为了让铸币厂继续运转，就得降低铸币成色。

价可能会上涨；然后就会出现通货膨胀影响政府正常收入的问题。如果（就像商品经济中间阶段很可能发生的情况那样）大部分正常收入是固定为货币形式的，且货币收入又不能在不引起通常由增加税收引起的抵制的情况下增加，那么通货膨胀的作用就会降低正常收入的实际价值。通货膨胀作为一种应急的非常收入来源，并不比我所说的其他权宜之计好多少。就像出售财产或官职一样，通货膨胀会使政府在紧急情况过去后处于弱势地位。

确实有可以提高税收而又不使它们的实际负担比过去更重的方法，但可以理解的是，如果以另一种方式进行，这件事通常会更容易些。那就是进行货币改革：承认降低成色的事实，将成色降低的货币以降低后的价值换成成色较足的货币，然后坚持用改革后的货币来交税。一个新君主就可以通过这样做而把责任推给他的前任，但他这样痛苦地摆脱的困境又会是他自己将来急于规避的困境。①

---

① 这实际上是 1559 年女王伊丽莎白一世所做的事。（将关税收入建立在长期不变的估价上的做法，意味着大部分收入是以货币计算的，是非常呆板的。）

有趣的是，这实际上是在查理一世的议席上提出的实质性理由（在"铸币"的堂皇辞令之外），以劝阻这位君主不要求助于降低货币成色，尽管他在财政上已濒临绝境。有人认为这篇著名的演讲是罗伊（T. Roc）爵士在 1641 年发表的，但更可能是科顿（R. Cotton）爵士于 1626 年发表的。亨利·桑顿（Henry Thornton）在金银币问题辩论中把它引证为罗伊的观点，但麦卡洛克（McCulloch）在《货币的古老而珍贵的小册子》（*Old and Scarce Tracts on Money*，London 1856，1933 年再版）中认为演讲是科顿所作。一般认为真相是罗伊在 1641 年确实发表过这种意义的演讲，但当时印刷商没能获得罗伊的文本，就用科顿在早些时候发表的演讲取而代之了。

感谢已故的阿什顿（T. S. Ashton）教授在这个问题上对我的帮助。

这就解释了为何地方货币可能会暂时贬值，也解释 *92* 了为什么即使是地方货币的贬值也不像我们根据自己的经验所预期的那么大。然而对于长期贬值倾向，我认为还有另一个原因。如果收入按货币衡量是具有刚性（一般不变）的，它就是抵消贬值的一个原因，但更重要的刚性可能在另一方面。如上文所述，货币改革意味着认识到作为记账单位（用来表示债务）的货币不同于实物铸币。如果收入可以通过重估记账单位的价值来增记，那么债务也可以通过记账单位的贬值来减记。几个世纪以来，"记账单位"货币价值的下降趋势是很容易辨认的，当然被解读为这反映了一个连续不断的"部分地"赖账的过程。在一些有更好的证明文件的案例中，赖账的动机非常明显。[①]

这是可以理解的，刚性（以货币计算）有时在这方面会更强，有时在另一方面会更强。当支出方面的刚性更强时，货币价值就会有下降趋势；当收入方面的刚性更强时，货币价值就会有一个相当稳定的时期。[②]

---

① 从18世纪法兰西王国的财政史上就可以清楚地看到这一点。路易（铸币）的账面价值被用磅（记账单位）这个使政府摆脱财政困难的手段提高了。

② 我在这几页中一直采用的根据公共财政解释货币史的做法，与经济史学家中一般采用的从阶级利益（债务人对债权人）进行解释大不相同。我并不是要否认阶级利益起作用的那些事例（如来自农业债务人的压力在希腊和罗马的历史上是一种普遍现象）；但在考虑阶级利益的影响之前，我认为应先论证其借以实现的手段。国库的状况肯定给那些必须做出有关决策的人带来了直接的压力。难以看出的是，为了充分说明已经发生的事情，往往需要做进一步的研究。

93 　　我之所以费了这么大劲来详述典型的商品经济中间阶段政府的财政缺陷及其原因，部分原因是我认为这解释了一些以其他方式难以理解的广泛存在过的历史现象；还有部分原因是，它使后来发生的事情清晰地展现了出来。现代政府的财政地位相对于它们管辖的其他经济部门来说要强大得多；财政地位的强化方法多种多样，它们相互作用，但需要加以区分。有些方法作为信用发展的结果可以追溯至相当长的历史，我已经把它的开端（在第Ⅴ章）与文艺复兴时期的各城邦联系起来了；有些方法则出现得很晚。

　　我先从政府借款技术上的一个小改进说起，它已对政府——或者像我们将看到的那样，不如说某些政府——的信誉产生了重大影响。

　　一方面，如果政府仅以最简单的方式借款，并承诺在一到两年内偿还本金，而后想再借一笔它显然无法偿还的短期借款，那么对贷款人来说一个严重的限制因素是政府不大可能从税收中筹集到这笔可观的增加额（最后要用它来清偿贷款）。另一方面，如果对借款的偿还可以在较长一段时间内分摊，且加在年息上的摊还额也不大，那么这个负担就比较容易应付，还款的承诺也就比较可信。但承诺的可信度仍取决于政府能否长期（长达几十年）信守诺言；可以理解，有些政府虽然需要借款，

但无法保证能如此长期地信守诺言。依赖于统治者人格 94
的皇室政府总是容易在继承问题上发生路线的剧变：即
使儿子继承了父亲的王位，他也可能强烈反对其父亲的
政策，对他父亲在推行政策时欠下的债务概不认账。①
共和制政府确实处境更好，因为它不那么依赖于终有一
死的个人。事实上我们确实发现，正是共和制政府首次
大量使用"年金"做抵押来借款。② 英国政府信用的急
剧增长（其标志是政府借款的利率从威廉三世时的10％
下降到沃波尔和佩勒姆时的3％）除了其他影响以外肯
定主要归功于这一事实：1689 年的《宪法》一经牢固确
立，就使英国君主政体得以延续，并获得了共和国的长
期信誉。

　　然而一个更普遍的强有力的影响是银行业的兴起。
银行业的发展有三个不同的阶段。在第一个阶段中，银
行不过是一个金融中介，我们在之前已经提到过了。③

---

　　① 可以认为直到 1715 年法国国王都没有偿还前任债务的义务（Saint-Simon,
Memoirs，Pleiade edition，Vol. 4，p. 784）。

　　② 这种做法通常可以追溯到 14 世纪的佛罗伦萨和威尼斯。从不可赎回的抵押
品中获得年收入即使在当时也没有被认为应受指责，这一点固然奇怪，但并非不能理
解。萨波里（Sapori）实际上已经发现 1415 年佛罗伦萨有一项法令，规定受托人有
义务为未成年人将受托款项按这种年金投放，且"收益率不低于5％"。16 世纪德国
的各城邦也使用了这种方法（Ehrenburg, *Capital and Finance in the Age of the Re-
naissance*，英译，London 1928，pp. 43－4）；17 世纪的荷兰也是如此。即使在君主制
国家，当国王无法以这样的条件借款时，地方当局也可以这么做。国家甚至试图利用
这种地方信用，如法国国王就"以市政厅作抵"进行借款。

　　③ 参见上文第 78 页。

人们借款给银行家，银行家支付的利息总体上低于他收取的利息（如果他要盈利，他的"进率"必须低于他的"出率"），因为人们不具备银行家在创业过程中获得的知识，而这些知识可以使他们像银行家那样为自己找到安全而有利的投资场所。现在人们可能认为这种纯粹的中介对政府借债已经不起什么作用了——因为政府借款的需求是显而易见的，不需要专家去发现。但事实并非如此，即使在这个阶段，中介的出现也会对情况产生很大的影响。

我已经解释了国家的信用之所以不如（可靠的）商人的信用，是因为对国家难以强制执行索赔，而对商人就比较容易。从这一点来看，银行（或其他中介）是完全在正规法制内行事的，对银行的贷款属于普通法律范围内的正规商业贷款。贷款给政府的银行本身并没有受到这种保护；但事实上如果国家违约不偿还借款，银行就能破产或有可能破产，这被证明就是一种保护。我们应该认为银行的破产（银行已习惯于以破产为后盾）是政府不愿意面对的一种危险。英格兰银行和其他在18世纪的英国起过类似作用的大公司（甚至南海公司），就是这样作为进一步提高政府信用的手段起作用的。

然而，这（不可避免地）仅仅是第一个阶段。

当银行家意识到接受那些需要时随时可以或通知后

不久就可以提取的存款（通常）对他是安全的，银行发展的第二个阶段就到来了。虽然他会面临"挤兑"的危险，但可以采取或多或少有效的方法加以预防。人们常说这种对保险原则的依赖就是银行业的本质，但银行并不一定要接受存款，它的主要职能实际上是充当中间人。

第二个阶段的重要性在很大程度上在于它能导致（且往往非常迅速）第三个阶段，不过后者在逻辑上不同于前者。两者的不同在于，银行里可提取的存款是可转让的：要么通过支票——银行转移一笔现期存款的指令；*96* 要么通过票据——实际上是一种背后有银行的背书的支票，从而可以不问此票签发时所凭借的存款的存款人是谁而将款项直接付给持票人。这是至关重要的，因为正是凭借这一点，银行才能创造实际货币。它在发放贷款时无须拿出过去的"铸币"，它所做的就是交换所有权。针对借款人在某个固定日期偿还债款的契约，它提供了一种自己的契约，这种契约可以根据需求立即转让，因此具有货币的特性。银行借出的货币就是它自己创造的货币。

其结果起初不为人所知，但在我们这个时代已变得十分明显：国家对货币供给的控制长期以来是不完善的，但现在已趋于完善了。这不仅仅是采用纸币的问题。诚然纸币的生产成本比过去的金属货币要低得多，但国家在我们迄今所考察的不合适的环境中发行纸币是行不通的。① 真正起作用的是银行系统提供的创造货币的途径。不再有国家拖欠（用其自己的货币表示）债款的危险，因为国家总能从银行系统借款；而银行不能拒绝放贷，因为它们总能创造货币为贷款供给资金。因此转交到国家手中的权力是非常大的，但它并非无限大。这一点不必赘述，因为这是我们所说的凯恩斯时代的特点，即自1936 年以来我们就知道我们一直在其中生活的那种新体制。凯恩斯教给我们的就是我刚才所说的那种权力的存在。权力已经存在，凯恩斯不过是敦促人们接受它。但有时他给人的印象是他认为权力一直存在②，而我确信这是不对的。凯恩斯写作时权力的确已经存在，但存在的时间并不长。它是现代银行业发展的结果，而非天然就存在的。这是当代经济从我所说的"中间阶段"进入典型的"现代阶段"的另一条途径。

就货币权力本身而言，它很容易被滥用或误用。在新环境下，由于过度使用它而导致的通货膨胀可能会达到极点，这在过去金属货币占主导地位的年代几乎是不

---

① 政府固然试图发行纸币来支付军费，但士兵对纸币没有好感。它被简单地看成是可能在将来某个（非常不确定的）日期承兑的一纸借据。我认为，欧洲的经验确是如此。

② 如在他关于金字塔和中世纪大教堂的那几段话里。

可能的。如果适度使用，它可以成为一种控制手段；如果过度使用，它就会成为对控制的威胁。如果国家除这种货币权力之外没有经济权力，国家就不能像它最后做到的那样支配商品经济。

因为在金融发展的后几个阶段里，国家权力不仅是通过这种货币方式增加的，而且这甚至不是最重要的方式。商品经济可以自行调整①以避免纯粹的货币膨胀；它可以在持续通胀的假设下进行推演，以致最后实际的变动不会太大。此外，国家操纵的仍不过是地方（或国家）的货币；国际货币固然有——由前几个时期的弗罗林币和达克特币演变而来——但国家无法控制。从 20 世纪初开始一些政府就拒绝铸造这种货币，因此限制了它的流通。它们竭力将国际货币用于彼此之间的交易或代表它们的各中央银行之间的交易。因此只要有跨越各国管辖范围的交易，国家货币就不够用了，所以总是需要各种形式的国际货币。国际收支平衡是国家货币和国际货币之间的冲突点，前者为国家现在控制的，后者是国家不能单独控制的。 *98*

因此，更重要的可能是有使国家在经济上变强大的其他办法。我们已经看到，过去长期处于不完善状态的

---

① 我们在 19 世纪 60 年代已习以为常的高利率就是最明显的调整。

国家的征税权力，在近两百年来大大增强。所得税、利得税、销售税以及像遗产税之类的资本税，现在已经成为政府收入的重要来源，这只有在金融的发展下才有可能，我已描述了其中的某些方面。正因为收入产生于可依法强制执行的合法合同，所以它们可以依法确定，并因此可以征税。因为利润——现在的大部分利润——是公司的利润，而公司是按照严格规定的法律条款经营的复杂的合法实体，所以利润是可以征税的，且实际上很容易征税。正因为现在大部分财产是以可转让证券的形式存在的，且市场价格很容易确定，所以在任何效率程度下资本税都是可行的。在所有这些方面，国家的征税权力因商业的发展而有所增强——在我们这个时代，许多"不发达"国家在产生足以满足其目的的税收收入方面所经历的困难就很明显地证明了这一点。它们的困难不仅仅是贫穷，还因为它们的一些人民所拥有的财富超出了政府的权力范围。

这些情况相互影响；因为这些现代税比中间阶段唯一可能征收的那些税更适合现代的交易，所以它们对通货膨胀的反应很不相同，这也是很重要的。特别是累进所得税，当物价和货币收入上升时，事实上使国家按固定不变的征税办法收取了多得多的实际收入。与以前不同，过去的税是根据拘泥于货币方式的资产估价来征收的，从而（正如我们所看到的）使国家收入的增加较少。
因此，对正常收入的冲击——以往这种冲击使通货膨胀
成为对政府的一种威胁——得以消除。这无疑是现代政 99
府（或某些现代政府）能够如此镇静地对待通货膨胀的
一个主要原因。如果它们有一个强有力的税收管理机构，
它们就能做到这一点。但这不会是现代"通货膨胀主义"
推行的唯一原因，南美的例子证明了这一点。阿根廷和
巴西这类国家的税收管理机构显然无法应对它们所实行
的通货膨胀。

除了我已经详细论述过的货币和财政问题之外，的
确还有纯粹的行政效率问题。不付出代价是不可能有一
个强有力的管理机构——一个庞大而有很强的调查能力
的管理机构的；国家必须有能力支付报酬，否则就没有
官员来治理。但付出一定费用可以"购买"的控制的
"数量"可大可小；在现代阶段它无疑已经急剧增加了。
随之而来的变革是如此重要而有力，以至我们必须指出
它才能前进。我将把它（连同我们见到的与之相关的其
他变革）称为管理革命。这在一定程度上是一个组织问
题——对劳动分工的运用的直接改进，但部分是（就像
工业革命一样）资本设备的应用问题。人们认为现代政
府过度使用了飞机，但是如果没有电话和打字机，现代
政府又会在哪里呢？计算机对政府的机械化做出的贡献

才刚刚开始显现。就技术而言，现在由伦敦统治新西兰比18世纪由伦敦统治苏格兰还要容易。

必须注意，我们无须说出关于社会主义或自由放任的一个字，就能说明这一切。也没有必要对政治结构（即统治者被挑选或挑选他们自己所用的方式）进行区分。正如我们所看到的，连续性很重要，但如果连续性已经实现，那么如何实现就无关紧要了。当然我并不是说这些政治问题不重要。它们影响着权力的使用方式，但与权力本身的产生没有太大关系。一个政府完全可能有权力而不愿使用（出于意识形态或其他原因）。但它确实也不能使用一种在它起作用的社会中它所没有的权力。

到目前为止，只有到现在这一步，我的详尽描述才具体化了。商品经济在其第一个阶段是一种对政治权力的逃避——除开由它自己建立了政治权力的地区以外。在中间阶段，当商品经济正式回到传统政治权力之下时，那种权力已不足以控制它了。它可以被破坏，但无法被控制。在我们现在进入的现代阶段，商品经济发生了变化。很大程度上是由于商品经济内部的发展，使得政府对它的控制变得相当容易。无论政治结构如何、无论控制者的结局如何都是如此。无论是为了战争还是和平，无论是为了解决社会问题还是掩盖社会问题，控制者的权力都将同样为它们服务。

Ⅶ. 农业的商业化

我为什么直到现在，也就是我探讨的这个相当后面
的阶段，才谈到生产要素（土地、劳动力）以及生产类
型（农业和工业）呢？我最好在本章开始时就让读者想
到这个问题。没有人会质疑土地和劳动力是任何经济
（无论是如何组织的）得以建立的基础；也没有人怀疑某
种食品生产和某种非食品生产几乎是任何经济体的特点。
这些情况像适用于其他经济那样适用于市场经济。事实
从来就是，市场作为一种组织形式是由商人和后来的金
融家创造的，而非（并非完全是）由农民或工匠创造。
商品市场和金融市场是市场体系的大本营；当市场体系
开始形成土地和劳动力市场即要素市场时，就渗透到或
者说"打入"了相对顽固的领域。这是其原则并不适用

或很难适用的领域，因此从很早开始就有了一种斗争并一直持续到当下（尽管其方式正在经历重大的变化）。

102 我从农业开始说起。有一种既存的农业制度：我认为我们应称之为地主-农民制度①——考虑到农业方面，它是计划-习俗经济制度的主要变种。这种制度非常古老且稳固，它之所以稳固是因为其满足了现实需要。地主和农民彼此需要，而这同一块土地又为这两者所共同需要。地主需要农民，因为他依靠农民分享的一份农产品来维持生计；相应地，农民也需要地主，无论他承担着怎样的重负，他总会得到一些回报。他得到的回报就是地主的保护，而这至关重要。

正如我们所见，商人们通过聚集在城镇里来保护自己；但农民即使可以通过建立村庄来保护自己，也不能用这种方式来保护他的作物。作物的生长需要时间。在投入劳动或部分投入劳动与由此产生的一次性或消耗性产品的出现之间，有一段至少几个月的时间间隔。在这段时间间隔里，特别是在这段时间间隔的末尾，无依无

---

① 我们需要一种比"封建制度"更一般、更明确的农业概念。马克·布洛赫（Marc Bloch）的"庄园制"［见他在《剑桥欧洲经济史》（*Cambridge Economic History of Europe* 任何版本的第一卷）的经典章节］显然是出于与我一样的目的而介绍的，因此很有意思。它可能适用于法国；但在英国却容易使人联想到中世纪西欧盛行的那种制度的特殊形式。我们需要的不仅是让人想起那种特殊形式，还要在需要时随时可以延伸为俄国的波耶尔和日本的大名。

靠的农民得不到保护。他不能独自保护自己的劳动成果
（如果劳动成果要足以养活他，就必须分布在可观的区域
内）；他无法充分保护它们免遭入侵者或小偷的袭击。因
此总要找个人来保护他。

不过也许有人会问：为什么不通过农民自己之间的
合作来满足这种需要呢？有时这不失为一种方法，但一
般来说这不是一种有效的方法。因为正如在其他情况下
一样，劳动分工在这里是有好处的：在常备军（甚至是
"随从人员"①）中，某种核心力量至少能够使防御更加
有效。

诚然可以承认，有些情况下对保护的需要并不迫切。
建在人迹罕至的地方如山区的农场可能就不会有被袭击
的危险，甚至不会被偷盗。在这种情况下，通往独立农 *103*
业的道路畅通无阻。山区里的"自由农民"是一个人尽
皆知的现象。

更有普遍意义的是，有某种农事不太需要专门的保
护。"有一些牧羊人夜间就住在牧场上照看他们的羊群。"
无论是在牧场上还是在棚屋里，在那种直到很晚才获得
的技术条件下，牧民的主要营生就是看管他的牛羊。他
本身就是一个专业的保护者，仅靠自己就能相当有效地

---

① 或武士。

对付野兽或小偷。而在更危险的情况下，他的灵活性使他更容易与同伴联合起来一起行动。

尽管有这些例外，但我认为人们把开阔地的耕作和长期以来从事这种耕作的地主-农民制度看作是前商业时期农业的特征形式并没有错。我们将要研究的重商主义正是在这种形式上进行了最彻底的转变。

除了防御的需要之外，还有另一种组织的需要必须以某种方式满足，即解决邻里争端的需要。在山区个人的土地之间相隔很远，邻里之间不大发生争执；但如果土地互相邻接，由于自然过程不会被人为界限阻止，就会出现麻烦。必须首先确定界限本身，这需要某种形式的管辖权。① 即使界限确定下来了，大自然也不会尊重它。在这块地里播下的种子可能在那块地里长出来；由于疏于照料而长出的杂草对邻里来说也是一种灾祸。只有保护权力才能执行其决定，因此在地主-农民制度中，保护者也就是法官。②

104   当然现在一般认为司法和防卫是国家的职能；我们现在认为国家履行这些职能是理所当然的。但是，一个

---

① 如维吉尔（Virgil）所说："地上的那条小径依法将耕地分开来"。

② 由于（老式的）村社可以共有土地，这些问题在群体内还不致上升到重要的程度，但当与其他群体接触时，它们会作为对外关系问题出现。据说，使本地的"劣种牛"和移民带来的优良品种交配是南非早期卡菲尔战争的一个主要原因。

强大到足以充分履行其职能的政府并不是自行出现的。要那些在财政和行政上都软弱无力的中间阶段的政府充分履行上述职能通常是不可能的。至于地主-农民制度何以持续了许多世纪且在许多地方几乎一直持续到现代，已无须再做解释。

地主-农民制度不仅持续存在着，而且即使有一种离开它的运动出现，它也能在适当的条件下重建。在罗马和平时期，至少在某些地区还有（或多或少）自由农民的空间；但随着帝国的衰落，以前的自由农民却把自己托付给了地主。他们必须寻找一个保护者；帝国崩溃时，就得找当地首领来保护。

市场对地主-农民制度的影响发生在两个阶段，必须对它们加以区分。第一个阶段只有商业渗透；第二个更加重要的阶段还有金融渗透。

在商业渗透阶段，我对前几章所讲的内容还要稍加补充。最好还是从在乡村市场上和小商贩做交易的农民本人开始。但我们认为（正如前面所述），作为变革的推动者，还是地主本人通过其仆人进行的交易更加重要。正如我们所看到的，地主可以通过交易把收入转变成一种他更能接受的形式，而不仅仅是从他自己的农民在他自己的土地上生产的产品中分得一份。当他能把收入转换成货币形式时，他就更容易做到这一点。但要让农民

以货币形式支付其应付款项，他们就得有货币。因此这
是符合地主的利益的，一旦达到这一点，地主就会鼓励
105 其农民把产品卖给商人以取得货币。当然农民会自己花
掉一部分货币，而其余的则要支付给地主。

在商业阶段，这都是需要发生的情况。但在继续讲
下去之前值得注意的是，这最初走向市场的动机与在大
体相同的情况下导致相反方向的那个动机是相同的。地
主还可以以另一种方式取得比从农民租入土地的产品中
分得一份更能接受的形式的收入：那就是保留一部分土
地（这在中世纪欧洲就是私有土地）以更接近于由自己
控制的方式进行耕种。他能更确切地决定在这块土地上
生产什么；并且他有更好的机会能在自己需要的时候得
到产品，而不必等到农民按照惯例或顺便把产品送来。
然而土地需要劳动力来耕种，除非农民通过直接服役支
付一部分应付款项，否则就不会有劳动力来耕种地主的
土地。（地主固然可以直接雇用劳动力来耕种土地，但必
须为他们供应口粮，所以最简单的办法还是分给他们土
地让他们养活自己。因此这种方法实际上很可能得到相
同的结果。）

向这一方向演变的地主-农民制度一般被认为是趋于
完善的农奴制；而另一条鼓励农民为市场生产的路线看
起来相对自由。不过这两者可以相互交织。在地主的土

地上完全有可能（实际上非常有可能）比在农民的土地上更容易、更有效地生产出可在市场上销售的产品，因为农民在那里的生产是受到监督的。市场的开放将（给地主）带来更多直接耕种的好处；他将尽量朝着以劳务形式获得收益的方向发展，即通过向市场出售"自己的"产品取得货币收入，而非通过"他的"农民付给他的租金。

　　不过应当坚持认为，哪条路线上都没有发生过颠覆地主-农民制度的基础的事；地主和农民依然彼此需要，*106*而土地为双方所需要。但把他们的关系看作是交换关系变得更加恰当，不过如果我们允许自己这样看待他们的关系，那么唯一适合的交换类型就是没有竞争或双边垄断的简单交换。教科书告诉我们，双边垄断下的交换条件是"不确定的"；这意味着我们可以理解为，交换条件是由强者的意志决定的。人们一般认为在这种情况下地主是强者；毫无疑问，农民在议价上处于劣势。但到目前为止，其意义不应被夸大。地主通过施加压力可以使"议价"向对他有利的方向发展；他可以在任何时候这样做，但如果他想不断强取豪夺，就必须始终保持施压。而一旦放松了施压，农民就会退回到只按他们认为合乎惯例的标准提供产品的做法。消极抵抗就是他们的防卫措施。

地主很可能处于更有利的地位，如果他想增加收入，那么通过施压采取我们考虑过的任何一种措施就比仅仅依靠农民租入地上的产品份额更能增加其收入。因为产品份额不易评估，当集中在一种作物上时是最容易评估的，如果是多种作物就困难得多了。只要地主保持他惯常的比例，就可以指望农民们互相监督，因为他们中若有一人退缩，其他的人就会觉得他在欺骗他们。但如果地主试图提高他的要求，所有人都会认为自己有权行骗。用货币支付更容易执行，对这么多天的直接劳动的剥削也是如此。①

这些都是最初采取的措施；然而即使采取了这些措施，地主-农民制度在本质上仍未被触动。土地、农民和地主仍然被捆绑在一起。即使是当农民已经与市场建立了某种联系时，他们仍继续被束缚在土地上（如旧法律大全所说）；同样重要的是农民也束缚了土地。到目前为止，还没有土地所有权。地主和农民都对土地拥有权利，但也不过如此。他们非常关心这些权利是什么，但这并不需要向任何局外人解释清楚。权利是根据习俗确定的；每当权利受到挑战，申诉都是向习俗提出的。

---

① 确实应该承认，不乐意地劳作 30 天和心甘情愿地劳作 20 天获得的产量可能差不多。

　　当然时常会发生这样的情况，即某个地主去世后其财产会通过继承而转手，或作为对王室仆人或宗教基金会的捐赠。到那时任何贵族权利都会被转移到新的所有者手中，他要靠自己的经验去找出他被赋予的这些权利究竟是什么。至此还没有土地市场，土地只能偶尔被出售，并且困难重重。

　　有人会推测，土地在被出售以前，或者经常在被完全出售以前，会被抵押出去。当金融发展到足以使它可能筹集到贷款时，庄园主们会发现，如果他们能用自己的土地作为借款担保，那么就会更容易借到钱。但纯粹习俗性的土地权利对放款人来说不算好的担保，因为对他来说，在拖欠借款的情况下他能指望得到什么是个未知数。如果贵族的权利是以商人和律师都能理解的方式白纸黑字地写下来的，那么土地将是一种较好的担保。因此在这一点上，地主就有了明确其权利的动机——不仅是在他试图抵押（或出售）土地的时候，而且是在他开始考虑到将来某个时候他可能想要这样做的时候。

　　如果不规定农民的权利，就不可能规定地主的权利。但很容易理解的是，地主在律师的帮助下做出的安排只着眼于潜在的放款人和潜在的买家的需求而非农民的需求（因为这就是安排的意义所在），这应该是一种倾向于忽视农民利益的安排。必然有那样一种倾向——将地主

131

的权利转换为某种或多或少符合商人理解的财产概念的东西。但如果土地在那个意义上成为地主的财产，那么农民的权利又在哪里呢？

正如我们所看到的，即使在以前农民在议价中也处于劣势；现在，当与他密切相关的事情都不和他商量就决定下来时，他的处境就更恶劣了。他几乎注定要失去一部分以前的权利；但至关重要的是，他在不同的条件下，可能会以截然不同的方式失去它们。

无论谁成了土地的所有者，都要有人去耕种。即使按最严格的市场意义①来讲，不能耕作的土地也是毫无价值的。构成土地价值的一个要素是有希望以某种方式获得耕作所需的劳动力。

因此，它是发生在耕作的劳动力相对充足的条件下还是在劳动力不足的条件下，这会使我们所考察的进程有许多不同。② 当土地耕作完全商业化时，劳动力的短缺或丰裕仅会反映在地租（和工资）的水平上，但那种情况何时发生是我们现在还没有触及的一个问题。我们现在面临的问题是：劳动力相对不足对商业化进程有什

---

① 土地用于享乐（比如狩猎）的情况比较复杂，在概括性分析中完全可以置之不理。

② 调整农业技术以适应土地和劳动力相对不足的变化，这是我们将要讨论的问题。我认为在现阶段，农业技术仍处于领先地位。相对于特定的技术，劳动力短缺的情况是很容易看出的。它在这里很可能是一个例外，但它确实出现了。

么影响？

即使在劳动力（总体上）充足时，土地的潜在购买者（或根据地产抵押放款的人）也必须面对一个问题：他如何从他获得或可能获得的土地中取得收入？显然对他来说更简单的做法是：把农民在他将获得的土地上的应付款项换成货币租金。但是（作为一个局外人）他如 *109* 何强制农民支付那些租金呢？他会寻求一种制裁，而他能找到并能理解的唯一制裁方法就是剥夺。对他来说，支付租金具有合同的性质；如果农民不按照新的法权所解释的那样履行其在合同中的那一份义务，他就必须离开。

这是重商主义的观点；但它是从在土地所有权问题上与先前十分不同的环境中产生出来的，因此不经过斗争就很难取得进展。我曾坚持认为地主-农民制度起源于农民对安全的需要，但现在随着制度的演变，农民的安全受到了威胁。但农业对安全的需求不仅是社会方面的，也是技术方面的。如果农民随时可能或觉得自己随时可能被剥夺财产，他就不可能从事需要耗费时间的生产过程，因此不可能生产。这是一种即使是我们当今的人也必须理解的约束。即使是完全商业化的农业也必须相应地做出某种保障最低限度的安全的安排。

地主（我们现在可以这样称呼他）对制裁的需要和

农民对安全的需要这二者都可以得到满足，但只能通过某种折中办法。典型的折中办法是以几年为期租赁土地，即佃耕。永佃制在佃农看来是一种有吸引力的选择，因为只有在佃农不交租时，地主才有权让佃户退田；但它对地主就没什么吸引力了①，而且在劳动力充足的条件下（我们仍是在假定），农民不太可能有取得永佃权的讨价还价的能力。地主不提供某种保护措施就不能收租，但他所提供的保护仅以绝对必需为限。

110   再者，这是可能发生的情况之一，但发展佃耕只不过是可能采取的方法之一。在劳动力充裕的条件下，发展在一个监工或地方长官的监督下进行的农耕制度（正如我们所看到的，这在旧制度下早已开始了）可能更有吸引力，甚至在旧制度下也是在地主自己的土地上直接耕作。这即使在这里也是一种重要的方法；但在我现在要说到的另一种劳动力短缺的情况下，这种方法更为重要。

这里的劳动力短缺是相对于土地而言的。因此，原本充裕的劳动力可能会由于土地供给的增加（新土地的开垦）或劳动力供给的减少而变得短缺。第一种原因有

---

①　农民死后会发生什么呢？虽然他自己可能是一个"好"佃户，但如果他有遗赠权，他可能会把租入的土地传给一个不太"好"的人。终身租佃制在顺利的环境下是一种有可能的安排；但如果没有完全的所有权，就很难找到更合适的办法了。

很多例子可以证明①，对于第二种原因，有一个重要例子与我们的讨论高度相关：14 世纪在欧洲许多地区都曾发生过人口数量下降（由黑死病和其他有关灾难引起的）。在一个完全商业化的农业中，无论哪一种变化都会导致地租下降和工资上升，或至少是工资相对于地租上升。但在我们这里所考虑的条件下，农业只是半商业化或处于商业化前夕，影响很可能不同。

另外，发现其地租收入减少（由于一些农民离开了去耕种新的土地，或者像 14 世纪那样农民确实死亡了）的地主，可能会因为经济困难而更急于出售土地。但他们怎么去寻找买家呢？如果土地只是按比以前低的价格转手，且多半被转手给同样的人，那么我们一直在讨论的进程将继续下去；不过可以想象，在这种情况下最好的买家将是农民本人。在一定的地段上，通过土地和劳动力可以生产的产品的价值是没有理由降低的；因此尽管农民自己没有钱买下地主的土地，但他可以（或在他获得土地后可以）为贷款提供（某种）担保。如果采取这条路线，地主-农民制度将会让位于自由农民制度：农民背负着沉重债务，但不再像以前那样被地

111

----

① 但在大多数情况下，只有去耕种新的土地的劳动力会变得短缺；足够多的劳动力被抽走而导致的旧土地上的劳动力短缺要罕见得多。

主束缚。

也可能通过发展直接耕作找到一种解决办法。并不是说这种发展可能是对劳动力短缺的一种反应，而是说直接耕作制度可能比过去的地主和农民制度更能经受得住劳动力短缺。现在已经不太可能从过去那种直接服务中获得足够的劳动力来耕种庄园了。劳动力必须是雇佣劳动力，且随着劳动力市场开始有竞争性，必须支付的工资也将增高。不过如果管理得当，高薪劳动力可能会比以前更有效率。高工资促进了效率，而直接管理的庄园比受习俗支配的以前农民的土地更容易采用有助于效率改进的措施。

从不同的观点来看，可以视为"进步"的有这两个方面，它们本质不同但仍然可以结合起来，并以不同方式与佃耕制度结合。提高效率的关键是管理单位要能够胜任，雇用的劳动力应得到合理的薪酬。这固然可以以刚才所说的方式在地主的庄园里实现，但也可以以其他方式实现。可能通过集中农民的租入土地来实现（效率高的农民从效率低的农民手里买地）；或通过地主把租佃农场集中起来的政策实现，这时高效率的农场能支付更高的地租。土地市场（购买和租赁）越自由，这些做法就越容易起作用。

然而没有理由认为劳动力短缺必然会引向这些（至

少在长期来看是有益的）方面。从地主自己的观点来看，与其让工资上涨然后用我们讨论过的某种方法使自己适应更高的工资，停止工资的上涨岂不是更好吗？强制规定工资限额虽然在历史上曾被尝试过[①]，但注定是无效的，工资上涨的根源在于劳动力的竞争，因此必须停止的是劳动力的竞争。必须把农业劳动者（再度）束缚在土地上，并使他成为比以前更确切的意义上的农奴。

甚至早在 14 世纪，西欧大部分地区的农业的商业化就已经远远超过了通往农奴制道路所需的程度。又或许只是因为这片土地上即使在人口下降之后也已经住了足够多的人，需要有人迁徙到一个劳动者相对容易被"弄丢"的地方。曾经西欧也确实多次尝试过禁止迁徙，但都没有取得多大成效。[②] 不过在东欧，情况就完全不同了。

这不仅仅是俄国农奴制的经历，它只是一个更普遍的进程中的一部分。不仅是在俄国，中欧、波兰和民主德国也都出现了普遍的朝同一方向的迁徙。民主德国的情况确实有大量文件可以证明，因此事情的前因后果是

---

① 收入政策在劳工法令［1350—1380 年间由英国议会（当然是地主议会）通过］时期并不比在今天更有效。

② 在某些劳动法令中有这类禁令（Clapham, *Concise Economic History of Britain*, Cambridge 1949, p. 111）。

最清楚的。[①]民主德国（易北河以东的德国）在 12—13

113 世纪曾是一个移民区，劳动力从莱茵河流域以至低地国家进入这里。德国贵族或是他们那些充当企业家和土地开发商的代理人提供了优惠条件来吸引农民。这些农民最初成为支付地租（地租只是开发费用[②]的一笔合理的报酬）的佃农，并通过输出部分产品赚取的货币来支付。在扩张继续时，这些有利条件仍然保持着；但在随后的紧缩中，它们就不复存在了。随着欧洲人口的下降（下降幅度并不小），新的土地变成了边缘以外的土地；在自由市场中——如果大规模的人口下降是可以想象的——就必然会有大量人口从殖民地区回流以填补"本地"出现的缺口。无论如何，地主们陷入了困境；如果人口出现回流或有回流的趋势，他们的处境就会更糟。因此地主必须制止农民的流动并束缚他们。在东欧（总的来说不在西欧），地主们的势力强大到足以或能够这样做。[③]

　　人口下降固然是生活方式分化的原因，但这本身是

---

　　① 我借鉴了卡斯坦（F. L. Carsten）在《普鲁士的起源》（*The Origin of Prussia*，Oxford 1954）中的出色描述。

　　② 通常规定过了宽限期才需交付地租，这类似于某些现代政府给予"首创行业"的一种让步。

　　③ 东欧大平原上的农民特别势弱，有些关于俄国地主组织的对逃亡农民的追捕的报道听起来非常可怕。

一个暂时的现象，经过两代人或者更长的时间就可以弥补；但作为对其的反应而形成的习惯和社会制度就没有那么容易被根除了。普鲁士、波兰和俄国几个世纪以来一直处于地主贵族的控制之下，贵族们从依赖他们的贫苦农民身上榨取尽可能多的收入。他们把这个自己不愿进行改革的压迫制度视为生命线而加以捍卫，生怕他们建造的纸牌屋会在自己头上崩塌。甚至在西欧有时也会发生类似的情况，但这通常是为某些更加灵活的做法敞开的。这些更自由的制度诚然有其自身的问题，但它们对发现解决这些问题的新方法并不那么排斥。①

我回过头来考虑一个问题，它是由刚才关于东欧的讨论有力地提出的，但在我们深入讨论这个问题之前，它可能使读者感到担忧（或烦恼）。我一开始就赋予了地主一种职能——保护者的职能——但如果不废弃或在相当大的程度上废弃那种职能，我们所考察的进程就肯定不能再进一步。我们所考察的市场渗透本身就是一种法律渗透，法律和秩序相辅相成；如果国家强大到足以执行那些对已经提到的变革产生了作用的合同，为什么它

① 长期以来将这些农业制度分隔开的边界与如今分隔欧洲的"铁幕"之间有如此惊人的相似之处，这仅仅是一种巧合，这只能是一种巧合。然而每一方都以各自的方式塑造着人们的思想，这种影响即使当分裂以截然不同的形式表现时也是可以分辨的。

没有力量确保地主的"权利"迄今所依赖的地方安全呢？固然可以回答说两者是不同的：有财产的人对司法裁决的尊重对他本人来说足够了，但这绝不意味着存在一个能够管制他人的行政管理机构。在一个（也许是漫长的）阶段中前者是起作用的，或大体上起作用，而后者仍达不到这个程度。不过当国家（通常）有能力执行地方秩序，至少能像一个地方官员那样执行时，一定会达到后一个目标。[①] 到那时，地主的"权利"还能剩下什么呢？

到那时地主可能会被取代并由国家来接管，但可能被取代并不必然意味着它会发生。如果没有具有革命性质的某种事物，它就不可能发生，一个国家也许很强大，但它可能不关心革命。因此即使地主失去了作用，他们仍可能存在。他们可以继续获得收入来养活自己这个装饰性的贵族阶级，尽管现在没有他们也行。这种状况可能会持续下去，在有些场合甚至已经持续了好几代；但如果国家有能力接管，那么最终大概还会有这个决心。

就像我坚持的那样，即使是在革命中也有连续性；这种情况下的连续性非常坚强。无论新的形式如何，其实质仍然是国家取代了地主，因此国家面临的选择和以往地主所面临的多半是一样的。它可能局限于进行一场

---

① 根据本书第Ⅵ章关于国家经济发展的论述。

像在法国大革命和（自 1945 年以来）许多其他国家中进行过的那种"土地改革"：为农民确立比较完善的土地所有权，并仅为自己保留了最低限度的保护者义务。即便如此，农民也必须为它的服务支付报酬；向国家缴纳的税款取代了以前付给地主的地租。另外，它可能着手发展一种国家耕作制度，这种制度只是老式私人地主在其"领地"上通常进行的那种直接耕作制（正如我们所看到的）的一种大规模发展。

因此，即使在一系列变革中，在所谓的"独立耕作"和"依附耕作"之间也是存在着一道界线的。这不是所有制的问题，那么应如何解释它呢？

在每种农业中，都有一种必须以某种方式做出的决定，且这种决定只能由密切接触正在发生的事情的人做出。这就是"时间决定"：何时犁地，何时种植，何时收获，何时采取防治虫害的措施，以及畜牧业方面一些相应的决定。一般来说自然进程（包括天气）还不够可靠，不足以完全根据这些做出决定；虽然习俗可以给予指导，但最终总得有人负责。如果我们称那个人为农场主，把他在这个意义上控制的生产过程而不是他们所处的土地称作他的农场，就不会引起误解。这样定义的农场，按产品类型和地理条件来说可大可小；农场主可以有也可以没有另一些在他的指导下干活的人。他独立与否的问

116

题与这些事情无关；这是一个他有没有在时间决定的狭窄范围之外做出决定的自由的问题，而这些时间决定是不能（或不能完全）出于他的责任来做出的。在由独立农场主而非不独立的农场主做出的决定中，最重要的是一些关于生产什么的决定：独立的农场主可以自由地（而不独立的农场主不能）把一种作物换成另一种，变更他的轮作制，或变更他的耕地和牧场的比例。在现代条件下，我们还应加上关于机械化、化肥和农药等方面的决定。如果是不独立的农场主，那么所有这后面几种决定至少在原则上是由"地位更高的人"做出的。

佃农像自耕农（或任何一种说法的农民所有者）一样，按这种分类被视为独立的农场主；而一个（甚至是很大的）农场的经理将会是不独立的农场主。我认为区别在原则上是明确的，不过在特定情况下限制条件无疑是必要的。佃农的决策自由可能受合同中某些条款的限制；甚至农民所有者的自由也受到土地法的限制，而且限制可能会很大。农场经理可能被赋予相当大的自由。我们虽然承认这些限制条件，但仍坚持认为一般都有区别。

独立的农场主如果有任何需要对外支付的费用（地租、税金或债务），他就必须为市场生产；他必须按对外支付的金额向市场出售比他从市场买进的更多的东西。

不独立的农场主就没有这种市场依赖，因为生产什么是 117
由别人为他做的决定，拥有产品处置权的必然是那个做
出决定的人。依附耕作的一个缺陷就是将处置产品的责
任与不能从农场主身上分离的做出"时间决定"的责任
分离开来。这种缺陷在某些情况下比在别的情况下更严
重（而管理方法的改进使它可以减小），它也很可能被势
均力敌的优势所超过。但其本身就是一种缺陷，因为农
场的日常管理，包括对不可控或不易控制的自然进程的
不断调整，是一种不易由外人来监督的活动。独立耕作
的将日常决策、长期决策与处置产品的责任结合在一起
的做法是一个优点。这个优点往往比许多必然会反对它
的缺点更有价值。①

因为当农场被定义为我刚才规定的那样时，它的规
模必然有一个限度。虽然在某几种农业中这种限度比在
其他种类中更小，但它始终存在。在独立耕作之下，农
场规模的限度就是企业规模的限度；在依附耕作之下，单

---

① 人们可以想到冯·杜能（von Thünen）提出的企业家的特点；虽然它本义是
用于工业，但他所想的的确是根据他本人的农业经验。"当生意不好产生亏损的时候，
当财产和名誉都受到威胁的时候，他殚精竭虑于如何避免灾难，辗转反侧难以成眠。
拿工资的经理则不然。当他完成了一天的工作晚上回家时，就安然入梦，不会再为他
的义务费心了。但企业家的不眠之夜不是毫无结果的"［*Der Isolierte Staät*，Part 2，
Ch. 7. 令人惊讶的是，邓普西（Father Dempsey）的翻译以《边疆工资》（*The Fron-
tier Wage*）为书名（Loyola University，Chicago 1960），其实没有领会原作的精神，
因此我略做了改动。］

个农场只是其所属企业的一部分。因此企业规模小是独立
耕作的一个特点：这并不是一个普遍的特点，因为确实存

118 在着这样的情况，即独立农场可以发展到相当的规模而使
其狭小成为一个大问题；但这确实是一个常见的特点。

　　企业规模小通常意味着缺乏资金。独立农场主需要
资金有两个主要的原因。第一个在现今非常重要，是为
了能够投资于农业机械并进行其他昂贵的改进；另一个
一直很重要，那就是他应该有储备。农业生产过程本来
就有风险，在一块给定的土地上用一定的劳动力得到的
产量时多时少。为自己消费而生产的农场主难免会受到
自然灾害的不利影响；为市场而生产的农场主不仅会受
到这种不利影响，还会受到竞争对手产量增长带来的不
利影响。许多农产品的需求缺乏弹性意味着，如果出现
异常好的收成影响到为某一市场生产的所有或大多数农
民，那么市场竞争的影响将超过自然灾害。因此在一个
不受监管的市场中，农场主产量的价值不可避免地会有
很大变动。他在产品价值低的年份（因为产量低或价格
低）里将会入不敷出；即使他的农场从长远来看是一个
完全有活力的企业，情况也是如此。

　　应急需要资金：众所周知，这种需要对独立的小农
场主来说非常迫切。如果土地是他自己的且还没有以它
为抵押借过款，那么他可以用土地作抵押进行借款。正

如我们所看到的，这种方法虽然可以一用，但绝不是可靠的出路。因为如果借款人无法偿还，那么接管土地对放款人来说将毫无用处。因此土地是一种不可靠的担保，结果唯一开放的借款实际上是无担保借款。毋庸赘言，独立耕作和向高利贷者负债常常联系在一起。

因此，独立耕作（或者更准确地说是小规模独立耕 *119*
作）本身并不是解决土地问题的可靠办法。它要靠提供农业信贷来支持——农业信贷的来源不仅与向个别农场主发放贷款可能获得的短期利润有关，而且与作为其顾客的农场主集体的长期盈利能力有关。由这种来源取得的贷款不可能是"近在身边"的；无论正式名词是什么，其实质必然有合伙的性质。即使是独立的农场主也必须牺牲某些财务上的独立性。

他所需要的资助可以通过各种方式获得：目前主要是通过农业信贷机构和土地银行，还有就是合作社。但也不排除在适当条件下可以通过私人地主获得。如果一个地主有充足的资金并希望得到自己的长远利益，那么"帮助他的佃户渡过难关"未尝不是值得的。

不过在提供另一种农业资金方面，地主-佃户制度会更加适用。对于仍归地主所有，并在租期届满时归地主自行处置的土地，地主在进行长期改良时更有保障。他必须像以前一样有钱投资（或者他自己必须有能力筹集

资金）；当然，通过长期投资从技术上提高生产力的机会
必须是开放的。如果这些条件都得到满足（这在英国典
型的地主-佃户制度中通常都能得到满足），地主就会得
到一种新的职能，与其佃户建立一种新的伙伴关系。他
的地租不再是李嘉图所说的那种对"原始且不可摧毁的
土地力量"的报酬——即使按商业原则也很难证明这种
报酬是合理的；它至少在很大程度上成为商业投资的一
项固定收益。

但这也只是满足长期资金需要的一种方式。最初为
了其他目的而设立的信贷机构可能会起到兼顾这几方面
的作用；而以前接管过地主作为保护者的职能的国家也
可以接管这个新职能。通过对银行系统的现代控制，国
家可以很容易地以发展的名义成为农业资金的来源。

既要使国家成为合作伙伴或资金提供者，也要使国
家成为保护者：不仅是过去那种意义上的保护者，而且
是行使垄断权力使他免受市场波动影响的保护者。当为
独立的农场主提供了这些服务时，困扰他很久的问题似
乎就可以解决了。然而他的独立性这样一来还剩多少呢？
独立的农场主正是凭借他的政治影响力获得这一有利地
位，而这只能证明是一笔递耗资产。

众所周知，在20世纪改变了许多国家的农业的技术
进步正在减少从事农业的人口比例。曾经在所有经济工作

120

中居于首位的农业正在像其他工作一样变成一个"行业"。^① 这些进步造成的进一步结果是单个农场主能方便地管理的单位的规模（至少按产量衡量）急剧扩大了。因此，农场主不再像过去那样是个"小人物"，他在获得 *121* 资金上所需要的特殊帮助也越来越少了。而另一个结果（一般推测）是依附耕作的相对优势增大，大型地产变得更容易管理。迄今为止，所有这些变化的总体趋势是：与历史上的情况相比，农业与其他行业的不同之处已经越来越少。国家将继续以某种方式在农业组织中发挥作用，这是毫无疑问的；但国家的农业政策很可能逐渐接近于它为其他行业制定的政策。因此这样看来，谁也不能使一个人对其他人享有特权了。

---

① 农业人口的迅速减少也许并不被普遍了解。下列数字（从经济合作与发展组织当前的劳动力统计中获得）说明了它的真相：

在就业人口中农业人口所占百分比（1956—1966 年）：英国 6.1%→4.6%；美国 9.9%→5.5%；民主德国 16.9%→10.8%；法国 25.9%→17.6%；意大利 32.7%→23.8%；日本 38.5%→24.2%。还有许多其他国家也有类似的缩减。

当农业人口缩减时，农业保护的压力自然很大；但如果缩减完成，甚至在非粮食进口国中农业人口的百分比都保持在 10% 以下，农场主作为"压力集团"的力量还会十分强大吗？人们不能不对此表示怀疑。

Ⅷ. 劳动力市场

如果把劳动力市场的形成看作是一种"渗透",类似于从市场体系到农业的渗透,乍一看似乎有点牵强。所以,我还是解释一下我的意思为好。

就我在本章中所要使用的意思而言,劳动力不仅仅只是"工作"。能被我们考察到其活动的每一个阶层的人都有其工作。农民有他的工作,行政人员有他的工作,商人也有他的工作;只要还保留着自己所能发挥的积极的职能,即使是地主也有他的工作。劳动者(或者狭义上的我们所谓的工人)的特征是:他为别人工作。他就是(我们不必害怕说出来)一个仆役。

商品经济从来都不能离开仆役。但是主人和仆人的关系(包括现代企业与雇员的关系)现在不是,也从来就不是一种正常的商业关系。正如我们现在应该准备承认的那样，它比商品经济要古老得多。它是计划经济体制的一部分。那才是它所归属的地方；它在商业体制中永远都不会自在。计划经济体制无疑是等级分明的；它以领导者与追随者、地主与附庸、主人与仆人的关系来运行（和思考）；这种关系部分建立在武力的基础上，也部分建立在其自身的各种伦理情感上，忠诚落在一方，责任落在另一方。商业体制没有等级制度；买卖双方都在"同一水平线"上；为什么一定要一个当主人、一个当仆人呢？主仆关系在商业体制中是不合适的。

在前商品经济时代（如我们一直在讨论的地主-农民 *123* 体系所展示的），仆人（或无论他具体被称作什么）有一个明确的地位。不是一个高高在上的地位，也不能让他免受压迫，而是一个使他至少在平静时期有可能过上一段连续生活的地位，这样的生活与他的社会需要，尤其是那些与抚养孩子的漫长过程有关的社会需要，是一致的；这种地位给他带来了沉重的责任，但在这种地位下，他可以从他的同伴甚至是（就像我们看到过的）从地主那里得到一些保护。但当劳动被商业化并成为一种可以被贸易的商品时，情况就截然不同了。

这些人的灵魂被买卖
用喂养婴儿的牛奶来换金子

青年被带往屠宰场

用美貌换取一点面包[①]

这些都是不能被压抑的情感；它们归属于这个议题。

有两种方式可以使劳动力可能成为一种商品：一种是劳动者被直接出售，就是奴隶制度；另一种是他的工作只能被雇用，就是工资支付。前者可被视为计划经济的主仆关系对商品经济条件的直接适应；非常明显，这种旧的关系在转变的过程中很可能会失去它所具有的优点。因为根据商业原则，没有理由不把奴隶再卖出去；如果奴隶有可能被转售，那么这种关系的稳定性（以及由这种稳定性所唤起的双方的责任感）很可能就会丧失。人们肯定会宣称，后者是一种更为彻底的商业布局；但完全商业化的劳动力市场是临时劳动力市场，在那里，仆人随时可能被抛弃，主人也随时可能被遗弃。如果劳动力市场是按照商品市场的样子形成的，那么它就该是这样的。[②] 雇佣劳动力的市场不一定是这种性质，或者说不完全是这种性质；但这正是商业主义倾向于让劳动力市场改变的方向。

124

---

① Blake，Rossetti MS。

② 理论上，关于劳动力运送，签订一份长期合约是可能的，就像商品运送时偶尔也会签订长期合约一样。但是，除了在学徒制合同（从此处的观点来看，这通常被视为一种半奴隶性质的）中外，在自由劳动力市场中，劳动力一般不容易出现。

关于学徒制，参见下文第 139～140 页。

在本章中，我将继续考察这两种类型的劳动力市场。两者都具有最重要的历史意义，当我们把它们放在一起考虑的时候，我们会发现，它们互相都能对对方有所揭示。

在商品经济的早期，就像在古希腊一样，主要采用的是奴隶制的方法；后来主要采用的是另一种方法。所以商品化的劳动力为什么在开始以奴隶制的形式呈现是不难理解的。

当商品经济在其前身计划-习俗经济的边缘发展起来的时候，商人获得仆人的最简单方法就是通过支付金钱从附近的地主或酋长那里购买奴隶，这些地主或酋长有的有战俘需要去处理，有的可以被诱使去贩卖奴隶。这些奴隶不得不从他们的家乡被带到一个新的地方；临时雇佣就意味着要承担送他们返回的费用；相比之下，直接购买则更加容易。

即使在奴隶制内部，也有必要做出区分。抓捕奴隶一直是一项残酷的交易；从这件事的本质来看必然一直是这样的。但是在对待奴隶方面，一旦奴隶到了那些可以驱使他的主人手里，事情就会发生许多变化。

奴隶在几乎所有地方（除了我们接下来会讲到的某些最近的例子）的一个主要用途，就是为家庭服务。总的来说，这是一种温和的奴役形式。对于一个家庭的仆人来说，他们是不是合法奴隶可能并不重要；因为他们的主人必须与他们生活在一起（如果不必单独住，那就是作为一个集体），如果主人能够体谅他们，主人将会有一个更安宁的生活，并赢得他们的忠诚，甚至他们的爱戴。这是有可能发生的；而且在漫长的历史长河中，许多国家的奴隶被雇用为家庭佣人，这种角色下比较和谐的关系多半已经被建立起来了。然而，和谐只不过意味着奴隶所受的待遇不会比他（或她）期望得到的待遇差；当人们习惯的道德标准很低时，这可能没有多大意义。[①]

在我们早期的商品经济中，商人会为了得到仆人而购买奴隶；一旦有了足够的奴隶供应，这些商人就会准备好以一个有利可图的价格把奴隶卖给任何一个愿意购买的人。地主和商人都在购买奴隶。除了大地主可以依靠"他们的"农民和农民的孩子提供服务，可能对引进奴隶没有什么需求；但如果奴隶足够便宜，那么那些地主和商人对奴隶的需求就会低得多。安德鲁教授（A. Andrews）告诉我们[②]，在古雅典，"一个在一小块土地上耕作的家庭通常就会拥有奴隶"。一个或两个属于小户

---

① 家仆的性纠纷是我们不可忽略的一个方面。一个人对另一个人的权力——这是奴隶制所固有的——往往表现在性的强制上。词语随着社会的状况而改变其含义，但在大部分历史时期中，妾是用于奴隶的词。

② A. Andrews，*The Greeks*，p. 135.

家庭的奴隶，无论是受雇于家庭服务还是农业，都可以像以前一样被视为家庭的一部分，因此，这也是一种温和的奴役形式。

更为严格并在古代世界具有特殊的重要意义的商业化是指在商店和小工坊里雇佣奴隶；交易者或独立的工匠（我们将他们视为交易者）与奴隶一起工作，奴隶是他的助手，也是他的财产。这又是一种私人关系，而且当时一定因为私人关系而变得更容易被容忍。但是小工坊（特别是在奴隶制下）通常是剥削劳动力的工厂，因为交易者很难不像驱使他自己一样去驱使他的助手。如果他这样做（因为奴隶没有和他一样的动机），那么他就是一个暴君。

每一个这种形式的"小规模"奴隶制都有其阴暗面；*126* 但是每一个之中又存在着不是那么阴暗的可能性。因为当奴隶与主人有个人接触时，他就保留了自己的个性。因为他保留了他的个性，所以不排除他的地位可能获得实际上的提升；他可能会承担职责。甚至家庭的奴隶也可以凌驾于其他奴隶之上；农奴在他的主人死亡或患病时，可以实际掌管农场；商店或小工坊的助理可以被委托承担多种职责。（在希腊和罗马，）一个商人在他的工作生涯结束后退休，把他的生意交给他的奴隶去做，也似乎确实不是什么罕见的事情。[①]

用一些相对较好的话来说，"小规模"奴隶制肯定是商业奴隶制开始的方式；但它即使已经走了这么远，却还能走得更远。商业奴隶制历史上最黑暗的一个时期（如前所述，先不谈总是适用的可怕的奴隶抓捕）是大规模雇佣奴隶的时期；这些奴隶被雇佣在帮会、种植园（如罗马大庄园、美洲和西印度群岛的棉花和糖料种植园）、矿场和船上做苦役。

> 我就熟悉这种令人悲哀的苦难
> 当那个晒得黝黑的苦役手划桨的时候

《马尔菲公爵夫人》（*Malfi*）用一种模棱两可的比较如是说。帮会奴隶几乎不能被称作是人；他是"无差别劳动力"。

127　　　然而，即使在这里区别也是存在的。这些区别在历史上是可辨认的，而且其背后也有经济学逻辑。

对奴隶主来说，当用奴隶的劳动力去经营一个相当大规模的企业的时候，奴隶就是一种生产工具，这种生产工具在他们的计算中和其他任何生产工具是一样的；

---

①　这种情况下引起的法律纠纷很有趣。为主人做生意的奴隶必须能够签订合同，甚至必须能以某种程度拥有财产。在理论上奴隶"拥有"的财产像奴隶自己一样仍然属于他的主人；不过，仍需给他一些处置财产的权利，这样他就可以把这部分财产的所有权转让给买主。

罗马法学家的聪明才智让他们应付自如。为了使奴隶能够做生意，他们设计了一种特殊的析产（Crook, *Law and Life of Rome*, London 1967, pp. 188－191）。也许该说，当达到这一点时，奴隶就仅仅是半奴隶。

这与现代生产商对机器的看法无异。使用一台机器的盈利能力取决于机器的购买价格与预期从机器中获得的生产净额之间的关系；其中生产净额是指生产总额减去维护费用。然而，维护费用并不是一笔固定的金额。投资资本的时候总是要在维持现有资产的未来生产力和购买新资产之间做出选择；或者如果采取另一种说法，我们暂时不考虑在必需的日期之前就提前购买新的。新机器的价格越低，频繁更换的可能性就越大。

在一个严格按照业务线去运作的奴隶机构中，同样的原则也适用。当奴隶价格便宜且容易获得时，将用于供养奴隶的投资保持在最低水平是有好处的；但是当奴隶越来越难得到、越来越贵，以至于失去一个奴隶或者奴隶丧失工作能力是一件很严重的事情时，为减少发生这种情况的风险而承担的费用将是有利可图的。很明显，在后一种情况下，奴隶的待遇可能会更好。把尽可能多的钱花在维持奴隶生计上是符合奴隶的利益的；因为这是奴隶得到的最接近于工资的东西。①

从历史事例中的确完全可以辨认出帮会奴隶制与明 *128*

---

① 与此相符，在战俘被卖为奴隶时所做的承诺在一段时间后给他们自由的让步，究竟对奴隶有没有好处是值得怀疑的；因为如果奴隶的所有者（或雇主）在奴隶期满后不能指望继续拥有他们，那么他花钱养活他们的动力就会减弱。在英国内战最残酷的一个时期之后，1648 年在科尔切斯特被俘的保皇党俘虏在巴巴多斯被卖为"为期五年"的奴隶，只有少数人幸存下来获得了自由。（S. R. Gardiner, *Great Civil War*, London 1891, Vol. 3, p. 464; *Commonwealth and Protectorate*, London 1894, Vol. ⅰ, p. 351.）

显温和的奴隶制之间的区别。前者在奴隶便宜时出现，这时让他们工作到死然后在市场上进行替换才划算；而后者出现在通过市场替换他们较困难时：当失去一个奴隶对奴隶主来说是一件很严重的事情时，对奴隶的"福利"给予更多的关注是值得的。同样重要的是，在相同条件下，通过自然生殖来维持奴隶的供应也是有利可图的。对于奴隶主来说，在后一种情况下，他的奴隶生孩子对他是有益的，而前一种情况则不然。

因此，人们可以理解这种通常由经济学家提出的竞争的力量，即对于现有奴隶的福利而言，废除奴隶贸易比废除奴隶制本身更重要。这并不仅仅是因为奴隶贸易及其必然引发的奴隶抓捕非常可怕。

鲨鱼和巨头鲸在

在大西洋的一个小岛上

等待装满黑人的船

船上的货物是它们讨论的主题

这是雪莱（Shelley）对一百起控诉书令人难忘的总结。[1]

---

[1] 有人试图将其与一位英国旅行家在几乎相同的时间所做的描述相比较，它写的是在苏丹西部盛行的阿拉伯奴隶贸易中对奴隶的抓捕（把奴隶经过撒哈拉卖到伊斯兰教控制的地中海沿岸）："他们在离准备袭击的村庄两三个小时骑程的地方休息一夜。午夜后，他们撒下帐篷、骆驼和一个小护卫就上路了，以便在天亮时到达。然后他们包围了这个地方，切断它与外界的联系，他们通常都能成功住所有的居民……他们在适当的距离上树立一个旗帜，旗标周围驻守着许多准备接收和捆绑俘虏的人"。(Captain G. F. Lyon, 1821, 引自 E. W. Borill, *The Niger Explored*, Oxford 1968, p. 67. 作者补充道，"里昂不知道在这些袭击中有一个可怕的方面是，把所有无法出售的俘虏一律杀掉，无论男女老少"。)

"中间航道"上的奴隶损失是奴隶贸易中无效性的体现；但是，贸易的效率越高，新奴隶的供应价格就越低，以前的奴隶的状况就可能越糟。只有当奴隶贸易被切断时，奴隶的价值才会上升到它所设定的底线之上。只有这样 *129*（我们可以得出这样的结论），奴隶的状况才会得到实质性改善。

确实有一些证据表明，在废除奴隶贸易之后、解放黑奴之前[1]，奴隶的状况乍一看正朝着某种与地主-农民体系下农民的状况没什么不同的方向发展。在解放之前，牙买加"庄园奴隶"引导的"国内经济"可以用以下措辞来描述[2]：

> 他们住在不需要支付租金的农舍里，长期劳动却得不到工资，但他们的主人至少提供最低限度的衣食和家用器具。他们种植粮食，有时还在无须他们支付租金的土地上饲养猪、家禽和其他家畜。这些产出品被用作自己的食物，剩余的产出品在当地市场上出售或以物易物。[3] 这些销售所得的钱被用

---

① 奴隶贸易直到 1806 年英国立法废除它时才归于消灭；1833 年，英国殖民地的奴隶被解放。而美国直到 1865 年对《宪法》做了第十三次修改才废除了奴隶制。

② Douglas Hall, *Free Jamaica*, 1838 - 65 (*an economic history*)，Yale 1959, p. 157.（1838 年是过渡性的解放奴隶立法条款期满的年份。）

③ 存在至今的牙买加地方市场可追溯到每逢星期日由奴隶经营的那种市场。《林斯特德市场》是一首远近闻名的民歌小调。

来购买食物、衣服和家庭用品的补充物品，被用来捐给大多数人所属的各种不同的布道所；或者仅仅只是被积攒起来换取奴隶自己的自由。

但我的作品还在继续——正是这一点标志着不同。

因为奴隶们通常很容易被卖掉或者被从一个庄园转移到另一个庄园，所以他们几乎没有动机把钱投资在当这种情况出现时他们不容易随身携带的商品上。

在典型的地主-农民体系中，农民很容易被"卖掉"；但是只有当农民附属的那块土地被出售的时候才会出现这种情况。因此，被出售的与其说是农民本身，不如说是对他施加的地主权利。商业化奴隶制的标志甚至在其全盛时期，也在于个体被转售的可能性。以下两种体系之间存在着巨大的差别：一种体系是，奴隶可以单独出售，而不涉及家庭依附关系或他们可能形成的任何其他社会联系；另一种体系是，可以作为一个整体被出售的只有村庄这整个社会构成的综合体和其附属的土地。与后者相比，前者是一种更大的社会罪恶。这不仅是因为农民能够得到一种免受习俗影响的保护，而对于奴隶来说，这种保护在很大程度上是不存在的；还因为奴隶虽然可以生育子女，但受制于个体转售，无法与子女建立稳定的父母关系。几乎每一种形式的奴隶制都是家庭的敌人。[①]

我接下来要转向对"自由"劳动力市场的考察，即第二种劳动力市场。我们研究它的最好方法就是去调查这种劳动力市场是如何让位于另一种的。

为了这个目的，我们必须回到废除黑人奴隶制之前。那是一段可以从法律、道德和政治的角度[②]来说明的历史；但先前的问题——为什么几个世纪前的欧洲几乎完全转向了自由劳动体系——必须有一个主要从经济学角度来解释的答案。[③]古代奴隶制并没有因为道德感的高涨而被根除，因为黑人奴隶制可能一直延续到19世纪并依然存在。虽然它衰落的几个世纪正是欧洲成为基督教一分子的几个世纪，但几乎没有证据表明教会非常关心奴隶制的问题。它关注的是奴隶的灵魂，而不是其地位。 *131*
在这种变化发生的条件下，自由劳动力取代奴隶劳动力的主要原因是自由劳动力更便宜。

---

① 其遗留的社会后果是不容易消除的。在1950年的牙买加人口普查中，至少在名义上，70%的人口被认为是"没有合法身份的人"。

② 埃里克·威廉姆斯（Eric Williams，曾任特立尼达总理）在他的著作《资本主义与奴隶制》（*Capitalism and Slavery*，North Carolina，1943）中否认了这种说法的正确性。然而，威廉姆斯的大部分论点都被罗杰·安斯蒂（Roger Anstey，*Economic History Review*，August 1968）驳斥了。剩下的只有一个不容置疑的事实：废奴主义者（代表大部分经济自由主义者）低估了自由劳动力市场的缺陷。

③ 上文提到的马克·布洛赫的书（*Cambridge Economic History of Europe*，Vol. Ⅰ，first edition，pp. 234－43；second edition，pp. 246－55）对欧洲奴隶制衰落的分析给了我很大的帮助。

对雇主来说，一种劳动力之所以比另一种劳动力更廉价，是因为这种劳动力更加高效，但我不认为自由劳动力取代奴隶的原因仅仅只是（或者主要是）这种廉价。因为自由劳动力比奴隶劳动力相对更有效率并不像第一眼看上去那么简单。一个按计件工资获得报酬的自由工人，肯定会比没有这种激励的奴隶更有效率；但是当要做的工作的产出和报酬之间的关系比较简单时，就确实没有理由不给奴隶某种形式的奖金。我们无法清楚地确定，按时工作的自由劳动力就一定比奴隶劳动力更有效率。自由劳动者如果偷懒，可能被解雇；但是奴隶如果懈怠，就可能被卖掉。当把这个问题放在雇用相当小规模的奴隶和雇用同样规模的自由劳动力之间时——一个小到足以使雇主识别出个体表现的规模（在我们所考虑的这个阶段，这在大多数情况下必然是一个实际问题）——任何显著的区别都不存在了。

假设效率是相等的。接下来的问题就是一种方法和另一种方法下每单位时间的劳动力成本。对奴隶主来说，每单位时间的奴隶劳动力成本包括供养费用加上资本成本的利息（和折旧）。供养包括短期供养（在任何情况下都必须满足）和长期供养（面向未来的生产能力）。（正如我们所看到的，）当资本成本较低时，这在一定程度上可以被避免，但当资本成本较高时，这可以被资本成本替代。因此，每一时期的成本一定大于该时期的短期供养费用；两者的差额包括资本成本的利息和折旧（这是依赖市场供养奴隶的主要因素），或者说包括长期供养费用（如果通过市场更换奴隶价格昂贵或不易获得，则长 *132* 期供养费用可能是主要因素）。无论采用哪一种方法，当奴隶数量稀少时，上述差额都将比奴隶数量充足时更大。这是一种不可能降为零的差额，因为如果降为零，奴隶的供应就会枯竭。

在自由劳动力的情况下，相应的计算方法是什么？在自由市场上，自由劳动力的雇主对其雇员在雇佣合同期限以外的时间不承担任何责任；因此，他所需支付的工资就是全部成本，而这仅仅取决于工人愿意接受什么，或者反过来又关乎其他机会的可获得性。如果劳动力稀缺，工资（作为市场价格）可能会涨到很高水平；但是如果劳动力充足，它就会降到很低水平，降到只相当于维持奴隶生活的费用——甚至降到维持奴隶的短期或接近短期生活的费用。因此，在每种情况下，劳动力成本都是劳动力的稀缺或丰富的问题，并通过供给价格来表示。一种劳动力的供给价格并不必然高于或低于另一种劳动力。如果奴隶劳动力充足，它将驱逐自由劳动力；但如果自由劳动力相对充足，它又会驱逐奴隶劳动力。它们是相互竞争的资源；当两者都被使用时，其中一种的可获得性会影响另一种的价值（工资或资本价值）。

我相信，发生的大多数事情都可以这样解释：只要我们加上这样一点（当我们思考它时，这是相当明显的一点），即人们通常不愿意把那些以这样或那样的方式被认为和自己归属同一类的人当作奴隶。[①] 这在一定程度上是一个道德问题——不一定是非常高尚的道德问题；但是它有一个实际的基础，在此基础上它有它自己的起源，并且这一基础（在我们所关注的这个世界里）使它

133 更加可靠。要实施奴隶制是不容易的，除非奴隶身上有某种可辨识的标记来进行区分。这种标志可能就是奴隶的外表（这就是肤色被纳入考察范围的时候，外表还可以通过其他方式识别，而不只是肤色）；也可能是——最初我认为主要就是——他的语言。

直到伯罗奔尼撒战争时期，希腊人都对奴役希腊人毫不内疚；但是各种各样的方言使得来自不同地方的希腊人很容易被辨认出来。几个世纪后，罗马人对奴役希腊人或任何其他进入他们统治区域的民族，也没有丝毫愧疚；奴隶被投入市场最多的时候确实似乎是在公元前2世纪，在罗马征服地中海地区的时候。人们肯定会猜

---

① 通常，我们必须考虑到使用奴役作为对犯罪或破产的惩罚。在没有监狱系统的情况下，这种做法并不少见；但占有奴隶主要并不靠它。

测，正是在这个阶段，奴隶的价值是最低的，他们的生存条件是最差的，奴隶竞争在残存的自由市场上的破坏力是最大的。所有迹象都表明，这是一个社会压力巨大的时代。[1] 然而后来，在凯撒和奥古斯丁殖民统治之后的平静时期，尽管奴隶制仍然存在，但汇聚如此大量奴隶的来源就没那么显而易见了。因此，我们应该期望奴隶的生存条件将会得到改善，并且劳动力将由更多的自由劳动者和更少的奴隶组成。

这只是一个假设，但这是有意义的。甚至在帝国被基督教化之前，罗马的法律就开始给予奴隶一些最基本的保护[2]；法律能做的似乎只是执行"良好的现行惯例"；其中的假定是：标准实际上在逐步提高。虽然基督教并没有禁止奴隶制，但它确实鼓励了这样一种观点，即基督徒（正统基督徒，或英国国教基督徒）不应该被抓去做奴隶。上文所描述的"自己人"定义的范围也相应地扩大了。

134

奴隶制并没有消失；《查士丁尼法典》（公元 6 世纪）中奴隶仍被允许存在；在那之后的几个世纪里，西欧依然有奴隶贸易和奴隶抓捕，但它主要针对非基督徒和半

---

[1] 最明显的标志是格拉古的鼓动和斯巴达克斯奴隶起义。

[2] *Cambridge Mediaeval History*，vol. 2，p. 62.

基督徒；而且并没有多少这样的人可以被不受禁止地抓捕。盎格鲁-撒克逊人①和日耳曼人属于这一类，直到他们被基督教化；斯拉夫人（"奴隶"这一名称就源于他们）也属于这一类，直到他们也被基督教化；但除了他们还有谁？南部和东部奴隶的主要潜在来源都被伊斯兰的军事力量封锁了。②

因此，在中世纪早期的经济扩张时期（我们之前分析的"第二城邦阶段"），奴隶既稀缺又昂贵；如果能找到一个自由劳动力的来源，它们可能被以低于奴隶价格的价格出售。而且我觉得，这就是已经发生的事实。在中世纪，西欧的商品经济不受奴隶来源的影响；到15世纪通往非洲的海上航线开通时，自由劳动力体系已经被建立起来了。

一旦自由劳动力体系被建立起来，劳动力成本很可能就会降低。奴隶必须被带到市场上，这样把他带到市场上的费用（或某种替代品）就成为他的价格的一部分。自由劳动者不需要被带去市场，他自己就能过去。但如果他从麻烦中获得的收益如此之低以至比奴隶的价格还

①　教皇格里高利说过：不是盎格鲁人，他们是天使。

②　穆斯林和基督徒一样，不愿意奴役那些他们认为是同胞的人；但是伊斯兰帝国的建立，就像罗马帝国的建立一样，是一次军事征服，一开始为他们提供了充足的供应。甚至在后来，他们不仅在非洲，还在亚洲和欧洲获得了奴隶的来源，而这在中世纪是欧洲人无法获得的。

低，他为什么要把自己带过去呢？答案当然是，收益有时候并没有那么低。

商品经济为复兴提供了许多机会。从农村向城镇的迁移（因为这是主要的部分）是被城镇提供的可观的甚至令人眼花缭乱的发展的可能性所激励；机会是给所有人的，尽管事实上只有少数付出行动的人能获得它。鲍·贝尔斯（Bow Bells）对迪克·惠廷顿（Dick Whittington）的称呼是"伦敦的市长大人"！在他们的声音中，我们可以听到一种魅力的象征，这种魅力创造了城市无产阶级。[①]

135

当然，这与人口压力有关。我毫不怀疑，当土地压力大时，流向城镇的人口会比土地压力小时更多。现在人们认为，在中世纪早期（11—13 世纪）西欧大部分地区的人口出现迅速增长；这当然有助于人口流动的开始。即使是在地主-农民体系下，当人口增加的时候，如果那些找不到地方的人离开，也不会出现对上述情况的异议。但是人口压力不一定必然存在。即使没有严重的土地短缺，即使城镇人口和农村人口分开看都保持不变，无产阶级的均衡也完全有可能长期存在。

[①] 15 世纪有一个惠廷顿爵士曾任伦敦市长；但他不是一个"发迹的穷人"。关于这个传奇的起源（我的目的比事实更有意义），参见 D. N. B. 关于惠廷顿的论文。

如果农村人口超过了自然生殖，而城镇人口低于自然生殖，这种均衡就可能会发生——农村的过剩人口迁移到城镇，以保持城镇的人口数量和留在农村的人口数量基本不变。其中迁移到城镇的人会发展得很好，进入了不同等级的商人阶层的行列，取代商人阶层本身在每一代繁衍过程中的失败者。但大多数迁移到城镇的人都达不到上述等级，他们沦为临时工和半雇工，一半是工人、一半是乞丐；在这种情况下，他们无法（甚至比奴隶更无法）维持家庭生活，因此，如果没有新来者的加入，他们所形成的城市无产阶级将在几代人之后逐渐消失，而其产物也将经历同样的过程。当然，这只是一个"模型"；但是，在考虑到地理位置差异和其他影响因素后，这个模型似乎符合许多拥有自由劳动力市场的大城市在许多世纪以来的情况。①

现在我们可以注意到，维持这种无产阶级平衡的一个基本条件就是，让那些感到失望的人无法回去。他们越容易回去，城镇劳动力的供给价格就越高；因此，城镇越有可能处于劳动力短缺而不是劳动力过剩的状态。当然，在大多数情况下，要回去是不容易的；移民放弃

---

① 布莱克（Blake）又一次让人们做出总结（见"London,"*Songs of Experience*）："但在午夜的街道上，我经常听到年轻妓女的诅咒，把新生婴儿的眼泪擦干，使婚姻的灵车遭受瘟疫的摧残。"这是配合伦敦教堂钟声的交响旋律。

了他在乡村的地位，那些地位不会为了他而被保留下来。然而，在一种重要的情况下回去很容易做到。这种情况就是，村庄是一个新的村庄，里面的土地是供人使用的；并且土地足够好，可以供农民或擅自占用者谋生。当这一条件得到满足时，就像在北美殖民地几乎一开始就有的那样，城市工资必然会做出反应。城市工人必须被支付一个较高的工资——这在其他地方会被认为是非常高的工资——即使对缺乏技能的劳工也是如此，因为如果他得不到高工资，他就会离开。事实上，美国的工资一直高于欧洲，几乎从第一批移民开始就是这样。

至少在这方面我们似乎有了一个例子：自由市场实现了它的承诺，甚至为劳动力提供了一个"全面的优势"。但还有一个限定条件——一个艰巨的限定条件。正是因为这个特殊条件，奴隶制体系再次变得比自由劳动力体系更廉价。由于在非洲获得了奴隶来源，才开始了上述开拓美洲大陆的发现。在欧洲没有对奴隶的需求，但在美洲有。所以在商品经济发展的末期，奴隶制又重新出现了。①

难道就没有另一种更常规的情况可以让商品经济实

①　用黑人奴隶劳动代替自由白人劳动的现象可以直接追溯到 17 世纪东加勒比地区的历史。当然有作物的变化（从烟草到糖）；然而，人们必须得出这样的结论：如果没有廉价的奴隶劳动力（在这些特殊条件下是廉价的），制糖业就不可能发展起来。

现其承诺吗？我们的无产阶级均衡是一种固定的均衡，它可以一年又一年、一代又一代地保持自己，并且各部分在数值上是不变的。如果我们在此基础上发展商品经济（当然我们有权这么做），会发生什么？

即使在前工业革命的条件下（在本章中我只关注这个），贸易的增长，包括贸易中的手工业，也必然意味着对劳动力需求的增加。如果这种增长持续下去，并且没有来自人口增加或"乡村"人口加速涌入的供给增长与之相匹配，那么难道过剩劳动力被吸收从而工资普遍上涨的时代就不会到来吗？从现代经济学的角度来说，我们应该这样期望：在足够的扩张之下，劳动力的过剩会被劳动力的稀缺取代。

然而在人们的印象中，在前工业化的条件下，这种情况很少发生。部分理由是，当时的扩张是非常局限并且地方性的。农业部门在经济中是如此庞大，从而商业的就业机会即使在增加，也仍然很少。我们对于现今在"不发达"国家的发展中出现的这种情况是很熟悉的；毫无疑问，这个类比是成立的。但是劳动力吸收失败还有另外一个原因，同样可以从这个类比中看出。

我们不应该任意将"城镇"里的劳动力看作是同质的。在一个自由劳动力市场，某些种类的劳动力应该比其他种类的劳动力更稀缺，更稀缺的劳动力应该获得更

138

高的工资，这些都是不可避免的。但也不仅仅是更高的
工资，因为劳动力市场接近商品市场特征的不可靠性和
不可预测性使工人承受了很多困难；只要工人能受得了，
他就愿意（或者经常愿意）牺牲一些工资来换取保障。
因此，较高层级的劳工将有更多的保障、更稳定的就业
以及更高的工资。在最高层级下，员工可以让自己对雇
主非常有价值，以至即使眼下雇主并不迫切需要他，他
也肯定有"专门找给他的工作"；而且还有中等层级，在
这一层级中，工人可以通过组织（在很多时间和地点出
现过的行会和学徒制组织）为自己赢得一定程度的保障。
最低的层级，我称之为城市无产阶级，（在我们考虑的这
个阶段）他们既没有保障，也没有高工资。

从城市就业的角度来看，大部分流入的劳动力注定
是低层级的劳动力。但是，无论需求的来源是什么，需
求的总体扩张都可能被扩散到所有的层级中，其比例会
因情况的不同而有所区别。如果从一个层级转移到另一
个层级是容易的，那么每个层级的就业机会就可以通过
升迁来扩大；这样一来，即使是在底部，也会有吸纳低
层级劳动力的空间。但事实上，各个层级都对这种流动
施加了阻碍，这些阻碍可以被磨灭，但却非常顽固。因
此，对劳动力需求的普遍增加，在某种程度上将使较高
层级劳动力的工资相对上涨——或者使那些具有同等优

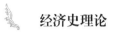

势层级的劳动力获得工作。这确实给了低层级劳动力取代高层级劳动力的动机，其中一些很可能是这样的；并且这种情况越多，对低层级劳动力的需求就越多。但无论是这条路，还是另一条路，都不是一条简单的路线。层级划分的总体效果（我更喜欢使用一个比"阶级结构"更不情绪化、更普遍的表达）是，对低层级劳动力的需求扩张，一种可能最终吸收城市无产阶级的需求扩张，被抑制了。

从一个层级向另一个层级的转移在很大程度上是一个培训的问题；而培训是自由劳动力市场不容易应对的一个过程。教育是市场为那些愿意付钱的人提供的一种服务；但是，以这种方式提供的教育，只不过是高层级的人把他们的特权传递给子女的一种手段。（当然，甚至在国家教育的时代之前，慈善捐赠就已经缓和了教育制度以这种方式运转的倾向。）可能被人们认为更容易获取的"在职"培训实际上至少在某种程度上有着同样的缺陷。

根据自由市场原则，受训人员（其未来的生产能力正在被提高）正在获得一种优势，而他们必须为这种优势支付一定的代价；或者，用另一种可以得到相同结果的话来说，他应该愿意接受一份低于他在没有这种优势的情况下，在其他地方可以获得的工资。但当缺乏技术

的劳工工资很低时，他无法做到这一点。他需要借钱以
支付在他自身技能方面的有效投资，但他没有借款所需
的信用。在学徒制的合同中，针对这种困境被广泛采用
的但并不完美的解决方案是，他向他的雇主借钱，让自
己陷入奴役，作为他所能提供的唯一的担保。他在开始
的时候被支付的薪水高于应得，在结束的时候被支付的
薪水低于应得。因此，契合雇主利益的做法是：把学徒
期延长，以便有更长的时间来补偿自己——因此实际上
收取了很高的，甚至达到高利贷的利息。以这种方式与
师傅捆绑在一起的学徒所处的地位，与一个将在确定日
期获得自由的奴隶所处的地位并非完全不同；只有当他
的师傅希望留下他，并且能够在他学徒期结束后留下他　*140*
时，他才能免受剥削。在"学徒制"合同中，雇主获得
了主要的优势，而被"培训"过的学徒获得的优势很少，
这种事让人再熟悉不过了。如果劳动合同仅仅被当成买
卖劳动力的手段，而没有社会责任的要素，这种情况就
很可能发生。在更加可敬的学徒制度中，这样的要素是
确实存在的；但当师徒之间有某种共同的社会联系时，就
更容易引发这种社会责任。这很可能意味着，学徒制度就
像教育制度一样，成为一种保持高层级特权地位的手段。

　　我们将在下一章中看到，在过去 200 年的工业革命中，
上述情况有多少已经发生了改变，或者正在发生改变。

Ⅸ.工业革命

　　工业革命是现代工业的兴起①，而非工业的兴起。然而，何为现代工业？现代工业同所谓"古代"工业，也就是与市场本身同期出现的手工业区别开来的根本标志是什么？当然，从技术上讲，有各种各样的答案，随着我们继续深入下去，其中一些答案将对我们有所帮助。但就我们的/本书的目的而言，我们主要需要的是一个经济方面的答案。

　　我一直坚持认为②，手工业在经济上与商业几乎没有区别。为市场进行生产活动的工匠是商人——他买进

---

① J. L. 哈蒙德（J. L. Hammond）和芭芭拉·哈蒙德（Barbara Hammond）的一本书名的同义用词。

② 参见上文第 28 页。

而后卖出，故此一定是交易者。他卖出的商品在物理形态上不同于所买进的商品，而纯粹的商人卖出和买进的商品在物理形态上相同；这就是手工业与交易的全部区别。至于说工匠在生产过程中在其所加工的材料上"结合了他的劳动"，商人同样也"结合了他的劳动"（以及他雇用的职员和仓库管理员的劳动）来使售出的东西比买入的价值更高，只因其在某个时间或地点对顾客而言更加有用。从经济的角度来看，这两者有确切的对应关系。

尽管哲学家们（甚至一些经济学家）不愿承认这种对应关系，但在现实生活中这却是得到承认的。企业经济活动的正式记录可以从这个企业的账目中找到。适用 *142* 于制造业厂商的账目形式和适用于商业厂商的账目形式之间存在着完全的一致性。即相同的会计项目同时出现在两者的账目中。可以说，从制造业厂商账目中出现的活动的各个方面来看，制造企业都被视为——同时也自视为——一个商业企业。

然而仍有一个方面，这两者间并不完全一致。我想说这正是我们所寻找的两种行业之间区别的线索。商人的资本主要是营运资本或流动资本——处于周转中的资本（尽管周转这一专有名词和制造业的情况并不完全相符，但它仍然被应用于制造业之中，这是制造业厂商仍自视为商人的一个实例)。个别商人可能的确会使用一些固定资本——办公室、仓库、商店或船舶，但这些不过是用作储存其核心业务所需货物的容器。从根本上来看，他使用的任何固定资本都是次要的。

只要工业仍处于手工艺阶段，工匠或手艺人的地位就不会有太大改变。这类人的确拥有工具，但通常他们使用的工具不会很值钱，他们经营的买卖的核心是原材料的周转。（我们将注意到，这一条件完全符合被普遍施行的"家庭包工制"，在这种制度下，商人资本家将基本的资本预付给工匠，工匠有自己的工具，但工具却不是所用资本的主要部分。）"革命"正是当固定资本移动或开始移动到中心位置时发生的。

在现代工业出现之前，仅有的被使用且在生产中吸收了大量资源的固定资本是建筑和运输工具（尤其是船舶）。然而，建筑主要是消费品而非生产资料；而运输工具，即使作为生产资料，也是附属于商业而不是制造业。在 18 世纪后期的工业革命之中，用于生产而非贸易的固定资本品的范围开始显著增加。这不是在一个阶段内一蹴而就的过程，而是一种持续增长的过程。这种增长并不是简单的资本积累的增加，而是用于投资的固定资本品在范围和种类上的增长。这正是前文所谓变化的正确经济定义。

143

如此定义的工业化可以被看做我们在前几章研究过的那种商业发展进程的延续，我们大可用同样的方式来进行分析。在工业革命最早出现的北欧，彼时正处于商业扩张的顶峰（若非这些发展，或许早已超过了顶峰），这在许多方面都与我们先前在第一阶段分析中讨论的类似。[①] 这种扩张首先启自荷兰，再到英格兰，这些民族国家与先前曾扩张过的城邦国家有许多共同点。（要注意我有关城邦国家的论述在多大程度上适用于 17 世纪的荷兰共和国。出于与威尼斯相同的原因，荷兰的腹地可以以同样的方式进行防御。通过这个安全港，它们把商业殖民者送到了雅典人和威尼斯人从未听闻的地区，直到世界的尽头。[②] 而英国的情况不无相似之处。）

因此，一个活跃的贸易网络已然存在。这个贸易网络将如同其前身般努力扩张，而且同样也只能通过持续发掘新的机遇来保持扩张。早期地理大发现带来的机遇足以支撑商业的充分扩张。但有证据表明，这些在 17 世纪早期尚且充足的机遇，在 18 世纪渐渐迎来了枯竭。[③] 144 这背后的根本原因或许是，欧洲并不适合成为欧洲以外

---

① 参见第Ⅳ章。

② 例如：在锡兰南海岸的加勒，游客们仍然可以看到荷兰商业殖民地的旧址以及基本完整的防御工事

③ 1650 年左右，日本闭关锁国，中国也进入半封闭阶段，熄灭了欧洲在这些世界重要地区扩大贸易的希望。

地区之间的运输贸易中心。非洲和美国之间的奴隶贸易作为（在欧洲外开展贸易的）例外显而易见地证明了这一点。因此，如果贸易要继续增长，欧洲本身就必须提供出口，这也是 19 世纪欧洲大量采用的做法。由此我们可以看到（工业发展）方向改变的诱因。类似的事情曾发生过，如雅典的陶瓷贸易和佛罗伦萨的毛纺业，由于这一原因，（贸易发展）刺激工业发展也就不足为奇了。但为何工业应当不同于其他传统业？为何其发展应采取固定资本投资的方式呢？

按同样的思路，我们可以在同一时期（正如我们所见）[①]、差不多算得上是正确时期出现的金融发展中找到一个可能的答案。并不仅仅是因为利率下降（虽然的确下降了），更重要的是资金更易获得了，利率下降是资金更易获得的征兆，但也仅仅是一个征兆。流动资本不断周转，不断来回进行再投资；而固定资本则是"沉入"在那里，呈现为一种特殊的形式，只能（也最好是）从中逐渐释放。为了让人们愿意在这个不确定的世界中投入大量"沉入"资本，这些人必须或者是自己拥有其他更具流动性的资源，可以迅速变现来应对紧急情况；或者对自己能够借到款有充分信心——这意味着向能借到

---

① 参见上文第 79、94 页。

钱的人或是有足够流动资金的人（比如银行）借款。最
终，最关键的还是能否获得流动资金。到 18 世纪上半
叶，英国、荷兰甚至法国都满足了这一条件。那时，金 145
融市场已经出现，可以随时出售各种证券。[①] 流动资产
在那里出现，而这是往前几年所未有的事。（这无疑是利
率下降的主要原因。）

　　一部分事实或许可以用这些严格的经济术语来解释，
但仍留有一件无法说清的事情。当然，还有更多的事情
也未必说得清。如果考虑的不仅仅是纺织业中早期纺纱
机械的引入（最初是由已经使用了几个世纪的水轮车来
操作），而是考虑整个现代工业，另一个因素立刻明晰
了。这不仅仅是一种新能源的发现，这是科学。一直以
来，新投资机会的发现促进了经济的增长，而这些机会
常常是在探索过程中、在知识进步中被揭示的。在前一
阶段，探索主要是在地理方面的探索，而后一阶段探索
则是更广泛的对物理世界的科学探索。正是科学，尤其

---

　　① 其重要性在我们发现盖伊（Gay）写给斯威夫特（Swift）（1731 年 4 月）的信
时不言而喻："在我离开伦敦的前一天，我下令为你购买两张南海或印度票据，这些票
据的利率为 4%，与银行汇票一样容易兑换成现钞。"对于一般的金融家而言，还有许
多形式的流动资产。[见 P. G. M. 迪克森（P. G. M. Dickson）在《英国金融革命》（*The
Financial Revolution in England*，London 1967）一书中对金融市场演变的描述。]
　　人们普遍认为，约翰·劳（John Law）发起的体系的崩塌（1720 年）使得法国
当时的发展倒退了许多年。然而，在伏尔泰与其代理人（穆萨诺神父）在 18 世纪 30
年代期间的通信中，我们发现了较为活跃的金融交易的证据。

是自然科学，为工业开辟了无边无际的前景。随着时间的推移，这种关系越来越明显。也许在一开始还不明显，但很快人们就都会注意到了。

举一个最为核心的例子——蒸汽机。在对热和压力的关系没有基本的了解之前，蒸汽机是断然不指望出现的。物理学家们在 1660 年前后做了大量工作才得到这些在 18 世纪变得极其普遍的知识。在那之后过了 100 年，蒸汽机才得以制造，那也只是实现了这一发明的很小一部分潜力。这其中的阻碍是技术方面的：如何制造出足够坚固的、能够承受高压的发动机？如何制造与之相配的活动组件？在那时，已经有一些互不相关的技术存在，在某种程度上满足了这些要求。比如有枪械工匠，他们懂得耐高压的技术；有钟匠和表匠，他们掌握制造（小规模）活动组件的技艺。① 但这两种截然不同的技术要如何结合在一起？在一个领域适用的几乎所有方法在另一领域却是错的。因此毫不惊讶，在科学提出问题后，依然花了很长的时间才得以解决。如果科学没有同时提出一系列其他问题，而这些问题又给工匠或技师们带来了类似的挑战，这一切是否还可以实现呢？科学的进步

146

---

① 机械钟表可以追溯到 14 世纪（甚至可能是 13 世纪），机械装置和制造机械装置的仪器（如车床）的早期历史主要是从钟表制造的角度讲述的（*History of Technology*，Oxford 1954 - 8，Vol. 3，pp. 486 ff.）。

需要科学仪器、各种新型的精密仪器，这些仪器间结合的不同技术一定也会反过来启发科学。我们发现，当詹姆斯·瓦特发明冷凝器时，他是格拉斯哥大学的"数学仪器制造商"①，而冷凝器的发明也正是蒸汽机发展的转折点。

然而，这只是一个开始。随着时间的推移，对旧工艺的依赖，或者说对旧工艺遗留的东西的依赖，明显地减弱了。第一代机器是在水力的帮助下，主要通过手工制造的。由于所需的高技能劳动力的稀缺，这一代机器十分昂贵，而且由于依赖人力因素，它们也不太精确。② *147* 直到由机器制造的第二代机器问世，机器才能实现成本降低、精度提高。在《技术史》（*History of Technology*）关于机床的章节中，作者很好地阐释了这一情况③：

> 机器工具使加工大尺寸金属物体和以手工无法达到的精度对金属塑形成为可能。此外，机器作业的高速度使得一些工艺在商业上可行，而这些工艺若用手工，即使在机械学上可行，也无法经济地完

---

① 他于 1979 年被人们如此称呼（见上书，第 4 卷，第 181 页）。

② 博尔顿（Boulton，1776 年）向威尔金森（Wilkinson）致敬，威尔金森证明了在这一阶段可以达到的"精度"，多年来一直在为博尔顿和瓦特的发动机镗孔：

"威尔金森几乎毫无差错地给我们的几个气缸钻孔，在直径为 50 英寸的气缸上钻孔，误差不会超过一个先令的厚度"（同上书，第 4 卷，第 422 页）。威尔金森是用水轮驱动他的钻孔机的。

③ K. R. Gilbert（同上书，第 4 卷，第 417 页）。

成……机器的发明和发展是工业革命的重要组成部分。

也许我们的确应该正确地认识到其发明和发展是工业革命的重要组成部分。人们或许认为，我们对所发生的事情的看法是受早期的纺织"机器"所影响/塑造的：应当承认，这一事件在英国经济史上有重大意义，但当考虑得更广泛时，就明白这只是历史长河中的一个支流而已。又或者，有人说它更适合作为"旧"工业演变的附属品，而不是像人们通常所认为的那样，作为新工业的开始。当然，机器标志着向固定资本投资的转向，尽管固定资本投资尚未达到一定规模。因此，资本更大的流动性虽然是一个有利条件，但（至此为止）也仅如此。如果能够筹集到资金（这甚至未必是主要的困难），如果兰开夏郡的水力可以常态化使用，那么在15世纪佛罗伦萨发生类似的事情会是不可能的吗？18世纪兰开夏郡与西约克郡的发展，以及我们在工业革命前的世界中考察的事物间存在着一致性。

可能即使没有克朗普顿和阿克莱特，也一定会有工业革命，且仍将走入类似的发展轨道。科学的影响激励了技术人员，促进了新能源的开发，在这些能源的驱动下实现了人力所不能及的精度，降低了机器的成本，直

148

到其可以被用于多种用途；这当然是最重要的创新、最重要的革命，它实现了重大的转变，是因为它可以被重复，几乎可以说会一次又一次地重复。这是向固定资本的转换，但只有在这种发展使新的固定资本产品变得相当便宜时，它才成为向固定资本的主要转换媒介。[①]

现在，我们终于能着眼于上一章结束时遗留的问题，也是本章正要引出的问题——工业化对劳动力市场的冲击。英国工业革命对劳动力实际工资的影响是历史学家长期以来一直在讨论的一个问题，至今都无法得到决定性的答案。幸运的是，我不必涉入这些争论中，因为它们几乎没有涉及在我看来最根本的问题。毫无疑问，工业主义最终对劳动力的实际工资非常有利。19世纪，所有工业化国家的实际工资都大幅上涨；毫无疑问，如果没有工业化带来的生产力增长，实际工资就不可能上涨。重要的是为什么工资上涨延误了这么久。实际工资的增长毫无疑问被推迟了，而研究1780—1840年间英国实际工资的总体水平是小幅上升还是实际下降都未能触及这一问题。工资相对于工业化的滞后才是需要解释的问题。

---

① 据报道，甚至在1807年，仍存在"机器的费用使蒸汽机的价格比它所能替代的相应数量的马高出一半以上"（T. Young, *Lectures on Natural Philosophy*，引自 *History of Technology*，Vol. 4, p. 164）。蒸汽动力此时不能压制水动力。即使在1835年，兰开夏郡和约克郡西区也有1 369台蒸汽机和866台水轮机（同上书，第166页）。

考虑到我先前对劳动力市场状况的论述，部分解释是显而易见的。如果从劳动力供应充足的情况出发（由上所述，我认为这是 18 世纪英国劳动力市场的常见情况），那么在劳动力剩余消失之前，我们不应预期实际工资会大幅上涨。劳动力过剩的情况过了很长时间才得以缓解，正如我们所见，人口正在迅速增长。农业上很难吸收更多的劳动力，因此工业和其他城市职业的劳动力供给正迅速增加。劳动力需求的增长率必须高于劳动力供给的增长率，并要维持一段相当长的时间，才能吸收过剩的劳动力。

那么固定资本投资的新机遇对劳动力需求会有什么样的影响？这绝非简单的问题，经济学家（甚至是最伟大的经济学家）对此给出了不同的答案。这并不奇怪（或可耻），因为（在这个问题上）有多种机制在起作用，有时是这一机制主导，有时则是其他。

当然毫无疑问，机器经常取代劳动力。此处或许值得引用一个重要的（且被很好验证过的）发生在 19 世纪早期的例子：莫兹利的制块机在 1801 年被引入朴次茅斯造船厂，通过这种机器，"10 个没有技术的工人干了 110 个技术工人的活"[①]。难怪会有反对新技术的卢德主义

---

① *History of Technology*，Vol. 4，p. 427.

者！自始至终，经济学家们都了解这些事实，但总将其视作劳动不流动的后果而不予理会。新技术注定会减少对某些劳动的需求，也会增加对某些其他劳动的需求。两者间的差额如何衡量？对整个劳动力需求的净影响几何？

凯恩斯分析的一种简单应用将注意力集中在"发明"中隐含（无疑隐含）的"资本边际效率"提升上。在凯 *150* 恩斯主义模型中，总的来说这将有利于增加就业，也就是将增加劳动力需求。这无疑是我们在第一阶段应当预期看到的。当机器（和其他固定资本产品，如铁路）处在建造过程中时，信贷将有扩张的趋势，因此按货币衡量的劳动力需求将增加。但从另一个角度看，在这些机器建成后，它们又将取代劳动力。从这个角度出发，凯恩斯主义的理论未超出（且声称未超出）短期理论的范畴。它并未给出任何指导，至少没有直接的指导，来说明在数代人的时间范围内会发生什么，这也正是我们此时关心的问题。

然而还有一种长期理论，最初是由古典学派经济学家亚当·斯密及其追随者提出的，他们是我文中那个时代的经济学家。这种理论的确直入我们所关注的问题，乍一看，似乎给出了类似的乐观答案。如果我们的目光越过经济的繁荣与萧条、信贷的扩张与收缩，而集中关

注"趋势",那么核心问题是在给定实际工资率下的劳动
力需求。似乎可以说,经济的总体增长速度越快,劳动
力需求的增长速度就越快。没有资本投资,经济就无法
增长,而从长期看,储蓄与投资之间的差距可以忽略,
因此储蓄与投资是等同的。这样,增长率就取决于储蓄
率。如果再加上利润是储蓄的主要来源这一假设(在很
多场景适用,在英国工业革命的场景下更适用),那么利
润越高,储蓄就会越多。"发明"除非可以提高利润,否
则就不会被采用,总体上更高的储蓄率意味着更高的经
济增长率。而这,至少对相当长期的平均而言,对整个
151 劳动力的平均情况而言,应当意味着更迅速的劳动力需
求增长。

我们将看到,这的确是一部分真相,但不是全部真
相。最伟大的古典经济学家们早已意识到了这一点。我
想李嘉图在其第一版(1817 年)的《政治经济学及赋税
原理》中对这一问题也没有探讨过多(仅就这一特定问
题而言)。他的大众读者、新资本主义的倡导者们抓住由
此得出的乐观结论不放:这正和他们的观点相符,当然
也是他们所采纳的。但李嘉图坦率且勇敢,他遵循自己
的推理走了下去,而不是走向他(或他的朋友)主观想
要的结论。在他有生之年出版的那本书的最新版本
(1820 年)中,增加了"论机械"这一章,虽然内容对

他的追随者们并不那么讨喜，但却大大弥补了上一版的不足之处。

在实际工资保持恒定的条件下，工业劳动力需求并非与工业中使用的全部资本有关，而是仅与其中的流动资本部分有关。[①] 如果固定资本与流动资本的比例保持 *152* 不变，这当然无关紧要。这也意味着，这两者的增长率将相同，都等于资本存量的增长率。因此，下面的论述将成立：任何提高总体资本存量增长率的事物都将提升劳动力需求的增长率。但是，这恐怕并不是李嘉图（我认为是正确的）所预见到的问题。如果存在向固定资本的转移，而因此使整个资本存量的增长率上升，则有两种力量在对流动资本的增长起作用，并向相反的方向拉动。如果向固定资本转移的力量更强，那么完全有可能

[①] 这就是后来被约翰·斯图亚特·穆勒（J. S. Mill）称为"工资基金"的理论——这个表述吸引眼球却未明真意（穆勒在临终时"公开放弃了工资基金"，我认为这正是他从未真正理解的证据）。流动资本不是工资基金，而是在任何生产过程中所需的在制品（比如常规库存材料、半成品和成品），用以"维持工业之轮不停转动"。如果仿效常规商业惯例，在货物实际销售之前不获利，或者不考虑同一流程垂直分解为不同公司而导致的复杂情况，则流动资本的价值就（大约）降至所包含的劳动力的价值。在一个时期内，这两者的价值间没有严格的比例关系（即使从短期波动视角看），但却存在非常近似的比例关系。我想这就是李嘉图的本意，而穆勒并没有完全理解这一点。

在李嘉图 51 岁去世时（1823 年），穆勒只有 17 岁。他是李嘉图亲密好友的儿子，如果李嘉图再长寿哪怕 5 年，都将会指导穆勒。到 1829 年〔这差不多是穆勒写作他最好的作品《论政治经济学的若干未定问题》（*Unsettled Questions*）的时期〕，穆勒正处于巅峰状态，正在完成他最好的经济学著作。如果这两个人能够合作，哪怕只是一小段时间，什么样的成就不能取得呢？他们都有勇气且坦率，穆勒可以比李嘉图阐释得更好。

出现总体资本存量增长率上升，而流动资本部分的增长率同时下降的情况。劳动力需求的扩张可能因"发明"而放缓，它们"节省了劳动力"，不仅对直接受影响的劳动力如此，对整个经济也是如此。①

153　　在 19 世纪最初的 25 年甚至 30 余年间，或许英国确实发生了类似的事情，这绝非无中生有，尽管这里无疑还有没有被考虑到的其他复杂因素（如外贸的反应，以及对拿破仑开战给外贸带来的阻碍）。考虑到人口不断增长的事实，即使是在此方向的一个较为温和的波动都足以解释劳动力短缺的普遍存在以及因此导致的实际工资

---

　　① 我们先前从凯恩斯那里学到，投资相对于储蓄的扩张趋势会导致就业扩张。因此，一个看似不同的观点必然会受到怀疑。当然，我们要注意到这其实与英国的正统观点是相同的（特别是威尔逊政府执政以来）。我们被告知人均生产率正在上升——如果工业要保持竞争力，生产率必须上升。但生产率的提高将导致失业，除非其表现为总产出的增长。总产出的增长需要流动资本支持，因此需要储蓄（私人储蓄或公共储蓄）。

　　实际上，我们现在应该能理解，有时候（或出于某种考虑）这种观点是正确的，有时候又是那种观点是正确的。凯恩斯考虑的是萧条经济，这种经济的一个特征是：在生产的很多阶段，库存都是充足的——库存无用武之地，因为缺乏使用这些库存的意愿（或者动力）。因此，流动资本和劳动力需求间的连接中断。这是一种特殊的情况，常规情况下这两者之间存在连接。即使在短期，在繁荣的顶峰，甚至在"充分就业"下，这种连接都存在。从长期看，两者之间总是有联系的，有时联系不那么紧密，有时联系又很紧密，但平均而言，在一段时间内，这种联系必然存在着。

　　然而或许有人会问：这种关系在我所写的 19 世纪初的条件下是如何体现的？就业上升的同时，信贷也在扩张，为什么我们假定扩张将暂时中止？有两种情况。如果外贸被限制，就像拿破仑战争后期时那样，还会出现信贷进一步扩张意味着真实工资下降的情况。这确实发生了，但这不是我们研究的问题。我们想了解的是，在实际工资不下降的情况下，会出现什么样的扩张。在 1819 年后的和平时期（金本位制）的条件下，英格兰银行因国际收支逆差而感到压力。如果金本位暂停，迟早会出现上面所说的第一种情况。

未能上升（或者说大幅上升）的现象。然而，可以预期（正如李嘉图事实上所预期的那样），总会有那么一天，转向固定资本带来的不利影响将被耗尽，只剩下更高增长率带来的有利影响。

（他说：）[1]"我观察到，以商品口径计算的净收入[2]的增加，总是机器改进的结果，这种增加将导致新的储蓄和积累。必须记住，这些储蓄是每年都会产生的，且很快就会创造出更高的价值来弥补机器研发中的成本。届时对劳动力的需求将与以前一样，而人们的境况却会好得多，因为增加的储蓄使净利润增加，反过来又使储蓄增加。"

若能正确理解，上述论述是合理的，但还不是全部。李嘉图在这里假设向固定资本的转向是单次的，但这是为何呢？为什么转向不能是持续的呢？他在此没有给出原因，但其实应当补上。如我们所见，引入新固定资本——或者说"机器"的动机是它们本身生产成本的降低。机器的生产成本降低，使得采用机器方法替代先前采用的手工方法变得有利。但这种降低并非一步到位，

---

[1] Ricardo，*Principles*，p. 396，Vol. 1，Sraffa edition (Cambridge 1951).

[2] 李嘉图此处所用术语如下：净收入（净收益）＝利润＋地租，总收入＝净收入＋工资。见其书第 26 章"总收入和净收入"。

154 而是持续的。其结果之一是将机器方法应用于（其他的）新用途，也就是第一轮情况的延续。另一种结果则是用更便宜、效率更高的新一代固定资本品替代第一代固定资本品（相对昂贵而低效），这将进一步增加利润（或者用李嘉图的术语来说，净收入）而不需要额外增加储蓄。一旦初始固定资本存量完成原始积累（此时我们也就不想着逃避原始积累过程的苦痛了），它本身将通过进一步的技术进步而获得更高的生产力。后面这个增长不会给储蓄带来压力，因此对劳动力需求只会产生纯粹有利的影响。到了这时，劳动力剩余才可以被吸收，实际工资才可以果断上涨。我们现在想必能理解，为什么这一过程要花这么长时间。①

我认为，这是问题的根源。用现今所谓"宏观经济学"的方式来说，只要我们满足于只讨论一般工资水平，这即是需阐明的主要问题了。但一旦我们看得稍微远一些，就会看到劳动力市场还将发生另一种变化，这一点

---

① 在这个对"宏观经济学"观点的总结中，我充分利用了实际工资水平恒定的假设，出于我的特定意图，我认为这无伤大雅（正因如此，我才能和李嘉图的论述紧密联系起来）。固定资本和流动资本一样，应该根据其所含劳动的工资费用进行估值。只要实际工资保持不变，这就等同于用消费者价格水平来对其进行估值（选择合适的计算单位）。资本存量（全部资本存量）的价值则是一个清晰的概念，在储蓄（以放弃的消费品衡量）与投资（资本存量增量）之间建立关系并不困难。而若我们考虑实际工资上升，情况就完全不一样了。分析这个问题在后来变得必要，难住了19世纪后期的经济学家们。这个问题到了我们这个时代才开始变得清晰，幸好，出于我们的意图，我还没有必要进入那个困难的领域。

至关重要，必须加以补充。

尽管劳动力的"阶级意识"即将觉醒，但就这些即将自视为工人阶级的人们来说，不同的部分受到的影响也是不同的。一个新的产业工人阶级正在形成，它不同于过去的城市无产阶级——两者的区别在于，前者更普遍稳定地参与就业。

当人们考虑到常常会影响工业的波动时，这看起来是个矛盾的说法，但事实就是这样。产业工人当然可能失业，但一旦他被雇用，在一段时间内都将稳定受雇；产业工人并不是那种甚至不知道自己接下来几周能否找活干的临时工。临时工是前产业无产阶级的典型特征，而产业劳动力的情况与此并不相同。早期产业工人漫长的工作时长和糟糕的工作条件家喻户晓，但是他们也得到了一份好处，从长期看这是非常重要的好处，那就是工作的固定。

现代工业必然朝着"（工作）固定"的方向发展，这是因为它依赖固定资本的使用，这也是我一直坚持的观点。只有当耐用设备被投入使用时，新生产方式才是有利可图的。如果耐用设备要维持运转，那么必须有相对固定的生产机构投入相对固定的劳动力来进行操作。这在社会和经济方面产生了极其重要的后果。

前工业时代的无产阶级是漂泊无根的，但产业工人并不是，他是一个群体的成员。这个群体很快就将要求在更广泛的社会中占据一席之地；但在此之前，它的形成已经对构成这个群体的人们产生了深远的影响。通过联合其他成员而获得保护，类似的方式（正如我们所见）曾出现在旧的农村文化中，此时以一种新的方式再次出现了。① 因此，产业工人们能够组织起来；他们能够做到这一点，是因为他们发现组织的要素已经存在。即使没有正式的组织，他们也能从工业系统本身获得些许安全感。只是"些许（安全感）"而已，因为他们仍然暴露在人身侵犯和商业动荡之下。但这已足够让他们感受到如果失去这种保护，将是多么大的冲击，从而使他们主动尝试与其他人团结在一起来加强这种保护。接着，他们就会发现自己能够运用以前所缺少的劳动议价能力。这些人组建的团体对雇主非常重要，因此他可以使用以前没有的有力武器。工会甚至工党显然都是工业主义的后果，而这就是原因。

因此，我们在之前的"宏观经济学"分析中所欠缺的是，忽视了产业工人（广义上是指随着工业主义而发

---

① 把这种社会变化与似乎伴随着它的人口行为的变化联系起来很有吸引力。如果这一点能够得到证实，它将使我们能够解释人口流动，将其作为我们所分析的总体变化的一部分，而不是像我所做的那样从外部引入。但这只是一个猜测，18 世纪末开始的英国人口激增的原因仍然是个谜。

展的新行业的工人）能够从小群体到更广泛的群体，逐渐形成一个临时工被排除在外的、享有更多特权的阶级。因此远在劳动力剩余被消除之前，他们的工资就将上升。之后当劳动力剩余开始消除时，在剩下的临时工群体中，这种组织也通过总工会、商会等等扩散开来。这样看来，似乎是这些组织导致了更高的工资，然而，这仍只是事实的一部分。

到目前为止，我一直从英国的经验分析工业化对劳动力市场的影响，但相关的经验不止存在于英国，而是在世界范围内广泛存在。我们如今最需要考虑的是世界性的现象。在英国，无产阶级融入产业工人阶级的进程已基本完成，而在大多数其他发达国家，这一进程也已接近完成。但对整个世界来说，这一进程还远没有完成，*157* 甚至可以说停滞不前。

当然，这在一定程度上（就像过去那样）是人口压力的问题。不管一个多世纪前欧洲开始的人口激增是出于什么原因，放在我们这个"人口爆炸"的时代都是可以理解的。马尔萨斯的观点是正确的，他认为如果没有什么方法加以遏制，人口将迅速增长。在许多国家，过去最有力的遏制方法之一突然不再存在了。科学使得抑制（或几乎抑制）一些最具破坏性的疾病既简单又成本低廉。① 正如马尔萨斯所料，人口迅速增长了。人口增长也没有像马尔萨斯所预言的那样因粮食供应的压力而受到制约，在这一方面科学再次出手相救。在全世界范围内，农业产出大幅增长，饥荒不再出现（在某些特定的地方由于特殊原因饥荒仍存在，但规模已经有所削减）。但农业产出的增长并没有带来农业工人同比例的增长，至少到此时，人口的流动总是离开土地，而不是朝向土地。② 尽管如此，从全世界范围来讲，食物供给仍能满足需求。实际上，失败之处在于对不断增长的人口的吸收，人口的大部分仍然是无产阶级，且是前工业时代的无产阶级。

像过去一样，这种情况主要发生在城市中。但并非伦敦、巴黎和伯明翰这些在 19 世纪出现这种情况的城市，而是那些拉丁美洲和非洲等欠发达地区的城市中，*158* 比如孟买、加尔各答、雅加达。③ 现在的劳动力涌入城

---

① 最有力的例子是在许多以前受感染的地区根除或几乎根除了疟疾。为了可信地证明这对人口流动的影响，其中一些是非常间接地起作用的，参见 P. K. Newman, Malaria eradication and population growth（Michigan University School of Public Health 1965）。

② P. K. Newman, Malaria eradication and population growth（Michigan University School of Public Health 1965），p. 120.

③ 因为这不是可以通过组织变革、通过一个政府取代另一个政府来瞬间改变的。一个强大的政府所能做的最多就是像俄国人所做的那样，通过控制劳动力流动来限制城市无产阶级的形成，让劳动力留在土地上，直到有地方可以吸收这部分劳动力。（这对他们来说是可能的，主要是因为他们继承了农奴制时代建立的行政机器，即使在 1861 年正式废除农奴制之后，农奴制仍保留了许多原始特征。）

市也不仅仅出于过去那种原因——发财致富或是"赚大钱",这种"示范效应"得到了其他因素的强化。教育让人们期望获得新类型的工作;政治家和经济学家的鼓吹把经济增长变成了一种人权;新成立的国家政府被视作提供工作的机构。这些就是使站在大门口等着被带进去的人群日益膨胀的魔法师。有人问,为什么发达国家在19世纪和20世纪初完成的转型不能复刻?为吸收这数百万人所需要的扩张确实是巨大的,但20世纪完全以科学为基础的现代工业的扩张能力也是巨大的,处理这个问题是不可能的吗?

终究,尽管这项任务看似巨大,但还没有真的超出能力范围。当我们放眼世界,看看已经发生的一切,这看起来远非不可能。200年前,几乎任何地方都看不到工人阶级的影子;100年前,工人阶级最多只有几百万。而今天,工人阶级已然相当庞大。要计算现在工人阶级的人数,我们应该在发达国家制造业人口外,再加上他们必要的帮手"白领工人"以及生产活动因工业化而转变的农民们,应该把所有这些人(包括他们的家属)都算上。而且不要忘记欠发达国家的相应部分的人数,这些人的数量绝不是小数。在所有这些人外,才可划定一道界线。尽管不可能给出确切或接近的总数,但可以肯定,这些人至少有5亿。这和印度的人口差不多,大概

159

不到世界人口的六分之一。因此，虽然需要吸收的数量相当巨大，但已经被吸收的数量也十分可观。如果我们允许花上几代人的时间去这样做（没有人认真地认为可以花更少的时间），吸收剩余部分所需的速度肯定不会超过迄今实现的最大速度。人口还会进一步增长，这样看似乎更难了，但即使如此，当我们以这种方式来衡量任务时，看起来也并不是不可能。

合唱团在《斗士参孙》（Samson）中唱道：

> 上帝为他的子民创造了不可思议的事物，
>
> 现在有什么阻碍呢？

恐怕还有阻碍。

X. 结　论

对现阶段，即当今世界所处的状态进行任何严肃的 160
讨论都是荒谬且和时代本身不相称的。我所要做的（这
是我难以逃避的责任），只是就上一章结尾处提出的重大
问题陈述我的观点。

我认为，从深层次上讲，这是一个政治问题。如果
没有国家这一概念——如果每个人都可以去他想去的任
何地方，他想去的地方都同样地接受他，他也愿意去他
想去的任何地方——把整个人类纳入发达群体的范畴就
相对简单了。即便如此，这个过程也需要时间，而且很
可能即使已经过去了一个世纪，乃至一个半世纪，时间
仍不足够。我们可以看出，依据上述假设，在整个人类
完全被群体吸纳之前，或接近被完全吸纳之前，实际工

资不会普遍增加。因此，即使是自由主义者和具有国际视野的人，也不会欣然同意这个假设。

无论如何，我们无权做出这样的假设。至于我，我也不希望这是一个成功的假设。对自己国家和人民的眷恋，对自己国家和人民所居住的土地的眷恋，有太多的美好和可爱之处，没有人希望它消失。形成国家的群体，以及国家内部的一些群体，是具有价值的社会单位。当把它们放进一个"熔炉"中后，会失去很多内容。我们的愿望是赞成一种发展、一种容纳，这和维持社会身份是一致的。

尽管在经济上更加困难，但我们的愿望原则上绝非无法实现。曾经有一段时间，在19世纪自由贸易（或其前后）的时代，一种朝向它的运动（比现在明显得多）似乎占主导地位。如果这种运动不间断地继续下去，我们可能会期望发达国家的数量逐渐增加，而那些仍然落后或"在外缘"的国家的数量也会随之逐渐减少。这是一种渐进的运动——很可能还不够快，以至无法满足人们对它的期望，它也会受到波动的影响，包括全球普遍的波动和只影响特定国家的波动，这意味着这种运动有时似乎会迷失大方向。然而，如果我们承认科学的持续进步，以及随之而来的资本积累，那么只要不被人为阻止，这一运动过程就会继续下去，直至完成。

但请注意这意味着什么。虽然发达国家过去不会因为扩大发展而从绝对意义上变得更加贫穷，但它们的相对地位会受到损害。起初，英国是"世界工厂"，在美国和德国崛起之后，英国和其他国家一样，只是一个单一的工业化国家。接下来肯定会发生的事情（除了政治事件）是，俄罗斯和日本是主要的新来者，轮到德国和美国发现自己处于一个更弱势的政治地位。在一个由民族国家组成的世界里，这种扩张（或者说吸纳）不可能在没有政治影响的情况下发生。

以国家为目的的贸易管制已经有多年的历史，它至少可以追溯到 17—18 世纪所谓的"重商主义"时期。[①] 重商主义标志着经济增长可用于实现国家利益，也可作为达成各国目标的一种手段，包括对对其他国家的影响力、威望和权力的追求。我们必须承认，任何一个想要维护自身独立性的政府都不能完全忽视这些目标。然而，重商主义的第一次兴起以失败告终，并且在一段时间后被自由贸易所取代。

重商主义的第一次失败有很多原因——意识形态、

162

---

① 在本书其余部分，我故意避免使用"重商主义"这一词语。这是因为我想把本书主题定在商品经济的发展上，这并不是忽略商品经济与国家的关系，而是把其置于外部视角。"重商主义"这一词语只有当我们从另一个角度来看历史时才合适。从国家或统治者的立场，当他们开始意识到商人可以被用作主要的非商业目的的工具时，他们就变成了"重商主义者"。

内部政治压力等等，这些原因在历史上是很常见的，此处就不详细展开了。我认为，同样重要的是，旧的重商主义是一种治理上的失败，它的支持者没有完成它所需要的治理（或者说，经济）。当经济或治理条件变得适宜时，情况就发生了变化。

政府行政改革（我一直这样称呼它）是一种变化——不像我所关注的大多数变革——它（几乎）可以精确地确定年代。它的关键日期是第一次世界大战（1914—1918 年）。战前，有一些事态发展为战争埋下了伏笔，其中最重要的是有限责任公司和中央银行的创立。然而，正是在战争期间，各国政府才惊奇地甚至是沮丧地发现，它们手中究竟掌握了怎样的力量、怎样的经济实力、怎样的对自己人民的权力。有些国家在战争结束后，竭力忘掉这种发现，但它们又被驱使着一点点重新挖掘它，以作为应对一个又一个政治和经济紧急情况的最简单的方法。其他一些国家，如外显的革命性的俄国政府，在商品经济尚未深入渗透的国家中掌权，就如饥似渴地抓住了商品经济给它们带来的机会。对于商品经济尚未深入渗透的国家，它们的态度是由它们的理论决定的，但它们能否将自己的理论付诸实践，则取决于行政改革，这种改革和其他改革一样曾发生过。正是通过行政改革，它们才得以以现代形式重建它们的古典官僚体制。

新技术和具备新技术的机构可以通过各种方式被使用，为各种目的效劳。它们可以以新的方式被使用，用于实现社会目标——"福利"，这在过去是完全不可企及的。但它们也可以以旧的方式被使用：为了国家利益，对贸易和经济活动进行监管。

在行政改革之前，政府用来执行民族经济主义政策的武器是原始的。关税成为保护国家利益的主要形式，因为它是当时可用的首要工具。但是，单一进口关税所能起到的作用，远不如现在政府可以使用的更复杂的手段有效。在数量控制、进出口垄断、资本流动控制（流入和流出）、对税收系统的操纵（甚至表面上看起来是内部税收）下，同样的新设备不断被发明出来。最彻底的做法是让那些决定贸易和投资决策的人直接受到政府的控制。

奇怪的是，乍一看，保护主义长期伴随国家发展的总体而言不是发达国家，而是发展中国家。因为作为一个整体，发展中国家受这些趋势的影响最大。尽管如此，人们还是可以理解它为什么会发生。

在自由贸易时代，商业扩张的工具之一是殖民主义，从上一章关于殖民的内容来看，这是可以预料到的。殖 *164*
民主义，当它演变为直接将外国统治强加给殖民地时，是对民族情感的一种侮辱，即使它没有走得太远，仅满足于"特许权"和领土，但其他地方发生的事例也引起了相应的恐惧。强加在属地之上的政府可以按照自由原则行事，但这意味着它们给了殖民地反对本国管制的空间。由于取代先前政府的新政府是建立在反对原有民族主义的基础上的，因此对新政府的反对源于民族主义就是可以理解的了。原则上，宗主国对国际资本持敌对态度。宗主国坚持试图从殖民地稀少的资源中谋求发展，并辅以（可能是）或多或少带有政治动机的"援助"。这不是扩张，而且远不如扩张有效，扩张在其他计划中是应该发生的。①

然而，尽管这些政治力量如此强大，但它们并不是唯一的原因。这其中还有一个经济原因，根据上一章关于工业主义开始的内容，我们应以正确的视角看待这个问题。

记住李嘉图关于"机械"的内容。他说，一种改进在第一轮很可能可以节省劳动力，但是随着资本的积累，这些在早期阶段获得的额外利润应该能促进劳动力需求

---

① 俄国本身的情况并没有根本上的不同。俄国人对资本的敌意会因为主要资本是外国资本这一事实而加剧。与大多数不发达国家相比，他们在自给自足发展方面做得更好，或可能做得更好，主要是因为可供他们支配的自然资源种类更多。然而，他们还是无法避免在工业革命初期因无法从国外吸引足够资金而感到痛苦和悲伤。那些境况较差的国家在这一限制下，即使付出相当大的代价，也无法取得同样的结果。

的增加。如果我们把注意力集中在某个劳动力（至少最 *165*
终）从一个职业到另一个职业的流动性相当大的国家，
这是有道理的，也是符合经验的。被抛弃的劳动力将被
重新吸收，随着劳动力短缺的出现，工资将会上涨。但
在国际经济中，即使上述情境是由一段时间内的自由贸
易主导所创造出来的，其顺序虽然相同，但含义也不尽
相同。因为劳动力被抛弃的现象可能发生在一个国家，
而由资本积累造成的劳动力需求的扩大可能发生在另一
个国家。被纺织机械所取代的英国纺织机织工，（经过艰
苦的努力）最终在英国找到了再就业的机会。但被同样
技术所取代的印度织工能找到再就业机会吗？印度织工
被取代这一事件本身也会在某个地方产生有利的影响，
但这个有利影响可能发生在任何国家，没有什么特别的
原因能够使它在印度发生。一个国家越穷，能够提供的
机会就越稀少。因此，更有可能的是，时不时地，来自
已经发生在其他国家的技术改进造成了印度工人的失业，
印度工人持久地遭受着技术带来的损害。

即使在已经工业化的国家，劳动力的流动性也并非
完美，因此这些工业化国家也有落后的地区和萧条的工
业，虽然程度较轻，而且是暂时的，但对它们来说，这
也是建立保护主义的动机。只是人们可以理解，在较贫
穷的国家，人们更希望保护自己免受这种损害。在较贫

穷的国家，这是他们在某些情况下会真正遭受的损害，而更多的时候，这些是尚未遭受但令人恐惧的损害。我们很难责怪他们，但必须认识到（而且正在日益认识到）建立在这些保护伞后面的高成本的工业不会产生对整个国民经济而言的利润，而利润是进一步增长的基础。通过这些保护主义的方法可以缓解一些问题，但是政府承诺的国际扩张是严重受限的。

166　　无论出于何种动机，保护主义都是经济发展的一种障碍。但到目前为止我们所研究的保护主义的动机，未必是不可逾越的障碍。一方面，随着殖民主义时代的消逝，人们对它的记忆逐渐褪色，对民族自豪感伤害较轻的国际投资形式能够而且已经被发现。另一方面，人们开始认识到，通过保护使一个对社会毫无益处的行业永久存在是愚蠢的。临时使用此类措施缓解过渡是合理的，永久的使用则不是。商业协议，尽管其形式往往充斥着民族主义，但可以促进贸易，也可以为国际扩张打开大门。

　　因此，这些方法可能，甚至很可能，提供了一个清晰的路径。然而即便如此，也还有一些更深层的危险。一个人不应该让自己受到一个只存在 10 年的事件的过度影响。尽管最近的经验具有启发性，但大多数时候似乎不能自在地融入当下的情况。

　　虽然行政改革在许多方面加强了政府监管效果，但在其他方面却产生了相反的效果。当人们知道政府拥有这些权力时，他们就更难对社会支出、名誉支出或任何能够获得支持的支出说"不"了。经济学家教他们如何做账目，以便容纳这些内容，现在所能容纳的内容（在许多方面都是普遍有利的）比以前人们认为可能容纳的内容要多得多。但是无论多么巧妙，经济管理者都不能无限期地使用资源。当社会资源被过度使用时，临界点一定会达到。

　　社会资源承担过度使用的压力的症状是我们熟悉的通货膨胀、国际收支赤字、各种货币和汇率紊乱。但这些仅仅是症状，原因还在更深层。症状不会消除——它们只会通过技术调整改变形式，如纯粹的货币安排或货币政策的改变。只要富裕国家的资源仍然处于紧张状态，它们为促进世界经济增长所能留出的资源就必然受到限制。如果原本可以用于灌溉农田的河流改道，清理农田沟渠的效果就不会太大。

　　这些内容已足够。我想大家会同意，正如我承诺的那样，我的讲述涵盖一个广阔的领域。我不需为大部分内容（尤其在最后部分）的肤浅而道歉。我已为我选择的许多例子经不起进一步的检验做好了心理准备。然而，当我回忆我最初的衡量标准时，根据这一标准，如果在

167

某一具体情况下，变革的理由最终并非我宣称的，我也不会感到太不安。例如，某一家银行可能会以不同于我所描绘的方式出现，但这无关紧要，我的工作就是研究银行（以及其他所有机构）的一般运作方式。经过这样的解读，我希望我所言有些道理。

我在一开始就说过，我不应该对经济史进行狭隘的解释。希望我已经兑现了这个承诺。我试图像伟大的18世纪的作家那样，将经济史作为更为广泛讨论的社会演变的一部分来展示。我试图指出经济学故事与我们通常认为属于经济学之外的事物之间的联系。但是当一个人意识到这些联系时，他就会意识到仅仅识别这些联系是不够的。有一些线索从经济学延伸到其他社会领域，到政治、到宗教、到科学和技术，它们在其他社会领域发展，接着又回到经济学中。我没有做太多尝试去寻找它们的发展轨迹，但我坚信它们的存在。

附录　李嘉图论机械

李嘉图爱用算术举例，但在"论机械"中却一个例 168
子都没有举。这大概是那一章中的重要学说没能受到更
多重视的原因。在论述工业革命时，我大量运用了他的
学说。如果由我自己想一个例子出来，应该对理解这个
问题有所帮助。

为了让问题容易处理一些，让我们从一个静态经济
开始，假定某种机器已经在使用了。制造这样一台（或
者一整套）机器要花一年的时间，制成后可以使用 10
年。制造这种机器需要 10 个劳动力，而要操作它需要
10 个劳动力，10 年中年年如此。这样一台机器每年将生
产 100 单位的产品，这些产品被看作是一批消费品。我
们关心的是固定真实工资不变下的劳动力需求，所以我

们让工资固定为一定数额的上述产品。假设单位劳动力的工资是 8 单位产品。

根据以上数字设定，除去付给劳动力的工资以外，将有产品剩余。最简单的是把这种剩余看作利润外的消费。然而应当记住，如果我们允许自己那样描述，那么利润外的消费既可以是私人的，也可以是公众的（在适用这种论点的社会主义经济中可能全部是公众的）。还应当记住，如果工资的某一部分被储蓄起来或被用作税金，利润外的消费（私人的和公众的）就可能大于我们所关心的那种剩余——除去工资之外剩余的产品。

在初始状态的这种静态经济下，"社会核算"可以表述如下（令机器的期初存量为 100）：

169

	雇用的劳动力数量	工资支出	产品产出
操作	1 000	8 000	10 000
制造	100	800	—
总计	1 100	8 800	
盈余			1 200

	期初存量	新增	废弃	期末存量
机器	100	10	10	100

根据以上数字，每台机器的总收益率（不考虑折旧）是 (100−80)/80，也就是每年 25%。

现在假设出现了一种新机器，同样需要一年来生产、也同样可以使用 10 年。但制造这种机器所需的劳动力从10 个变为 15 个，操作所需的劳动力从 10 个变为 8 个。在同等工资率下，新机器的总收益率是（100−64）/120，也就是每年 30％。因为机器制造、折损的时间结构不变，净利润率将相应上升。为了更大的利润（或者说更高的效率），新技术将带来一些改变。假如的确发生了变化，将会如何？

预期利润上升了，因此很自然预期到利润外的消费也会上升（不论做何解释）。正如后续所见，任何此类上升都让调整变得很难处理。所以如果控制利润外的消费不变，再去观察会发生什么，将会更加有趣。因此就让我们假设除去工资之外剩余的产品数量保持不变，始终和初始场景一样是 1 200 个单位。

在新技术引进的第一年，流水账相比上面的情况没有什么重大的变化。老机器都还在，生产相同的产品，依然雇用那么多劳动力来操作它们。用来建造机器的劳动力也保持 100 个单位不变，从而保持工资以外剩余的产品不变（总是 1 200 个单位）。但现在这 100 个单位的劳动力将用来制造新机器。这一年的期末，变化出现了，此时期末存量将变为 90 台老机器（正如之前，10 台老机器被磨损废弃了）加上仅仅 100/15（＝6.67）台新

170

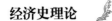

机器。

因此，第二年雇用的用于操作机器的劳动力减少为

$$90×10＋6.67×8＝953（近似值）$$

产出的商品减少为

$$90×100＋6.67×100＝9\ 667$$

第二年的账目将如下：

	雇用的劳动力数量	工资支出	产品产出
操作	953	7 624	9 667
制造	105	843	
总计	1 058	8 467	
盈余			1 200

如果产品盈余保持不变（1 200 个单位），那么雇用的用于制造的劳动力只能上升 5%。

对于第二年的机器，我们将有

	期初存量	新增	废弃	期末存量
老机器	90	—	10	80
新机器	6.67	7.0	—	13.67

因此到了第三年，就业和产出还将进一步收缩，新投入使用操作的新机器数量增加很少，远不足以抵消磨损的旧机器。

无须把剩下的后果全都详细写出来。转型带来的结果可以总结如下（四舍五入后）。第一年的状态与我们先前的静态经济完全一致。 *171*

年份	1	2	3	4	5	6
就业	1 100	1 058	1 021	989	969	952
产出	10 000	9 667	9 367	9 117	8 917	8 816
年份	7	8	9	10	11	
就业	949	962	996	1 056	1 150	
产出	8 800	8 900	9 166	9 650	10 400	

计算截止到产出和就业都恢复到最初水平时。

我们从静态开始，但最终——经过非常长的时间——经济被置于扩张的状态中。只要新增的利润有任何一部分被储存起来，经济一定会走向这种结果。技术上的一点提高，加之适当的储蓄倾向（真实工资保持不变），就能将静态经济转为扩张。

但正如我们所见，代价可能很大。从国外借款（如果可能）自然会是一种降低代价的办法。此外，如果能够利用先前积累的产品存量，也会降低这种代价。暂时减少消费，不论是从利润还是工资中减少，在某种意义上也不失为缓解之法。这也是为什么信贷膨胀（凯恩斯主义意义上的）可能能够缓解这种代价，尽管这里我们关心的并不是凯恩斯主义的问题。

需要注意，总的来说，出现这种强烈结果的主要原因，正如这个数字算例中所见，是制造新机器的劳动力成本高昂。如果这种成本减少，将会简单得多。正如我在正文中所暗示的，这种方式可能是历史上英国工业革命较为缓和（带来上述结果）的主要原因。

索 引

图书在版编目（CIP）数据

经济史理论/（美）约翰·希克斯著；张成思等译
. -- 北京：中国人民大学出版社，2023.9
（诺贝尔经济学奖获得者丛书）
ISBN 978-7-300-32004-5

Ⅰ. ①经… Ⅱ. ①约… ②张… Ⅲ. ①经济史-研究
-世界 Ⅳ. ①F119

中国国家版本馆 CIP 数据核字（2023）第 164870 号

"十三五"国家重点出版物出版规划项目
诺贝尔经济学奖获得者丛书
经济史理论
约翰·希克斯　著

张成思　阎泓瑾　徐硕　夏苗　译
Jingjishi Lilun

出版发行	中国人民大学出版社	
社　　址	北京中关村大街 31 号	**邮政编码**　100080
电　　话	010 - 62511242（总编室）	010 - 62511770（质管部）
	010 - 82501766（邮购部）	010 - 62514148（门市部）
	010 - 62515195（发行公司）	010 - 62515275（盗版举报）
网　　址	http://www.crup.com.cn	
经　　销	新华书店	
印　　刷	涿州市星河印刷有限公司	
开　　本	720 mm×1000 mm　1/16	**版　次**　2023 年 9 月第 1 版
印　　张	15.25 插页 2	**印　次**　2023 年 9 月第 1 次印刷
字　　数	125 000	**定　价**　72.00 元